数字政府

新一代信息技术
重塑治理新格局

黄珊珊　陶志强　罗　成　刘大畅　李明建　王德培 ◎ 编著

人民邮电出版社

北　京

图书在版编目（CIP）数据

数字政府 ：新一代信息技术重塑治理新格局 / 黄珊珊等编著. -- 北京 ：人民邮电出版社，2025. -- ISBN 978-7-115-65970-5

Ⅰ．D035-39

中国国家版本馆 CIP 数据核字第 20257AN103 号

内 容 提 要

本书介绍了数字政府与新一代信息技术的相关概念，并阐述了两者之间的相互关系，展示了新一代信息技术支撑政务智慧化的历程。书中重点介绍了云计算、大数据、5G、物联网、区块链、人工智能、数字孪生七大技术的概念、发展历程和技术特征。针对这些技术，本书分别设计了它们在支撑数字政府建设中的具体方案，分析了这些技术应用下数字政府的具体案例，并给出了未来发展的建议。

本书内容全面翔实，对数字政府的规划、咨询、设计和建设都具有较高的应用价值。本书既可以作为信息通信领域工程师掌握数字政府和新一代信息技术的学习资料，也可以作为数字政府实践者的参考用书。

◆ 编　著　黄珊珊　陶志强　罗　成　刘大畅　李明建　王德培
　　责任编辑　高　扬
　　责任印制　马振武
◆ 人民邮电出版社出版发行　　北京市丰台区成寿寺路 11 号
　　邮编　100164　　电子邮件　315@ptpress.com.cn
　　网址　https://www.ptpress.com.cn
　　涿州市般润文化传播有限公司印刷
◆ 开本：787×1092　1/16
　　印张：12.75　　　　　　2025 年 7 月第 1 版
　　字数：228 千字　　　　2025 年 10 月河北第 2 次印刷
　　　　　　　　　定价：108.00 元
读者服务热线：（010）53913866　印装质量热线：（010）81055316
反盗版热线：（010）81055315

序

世界正处于百年未有之大变局，新一轮科技革命和数业（数字产业或数据产业）的诞生与成长将深刻重塑全球经济结构、社会形态和文明方式。云计算、大数据、5G、物联网、区块链、人工智能、数字孪生等新一代信息技术，正以前所未有的速度渗透至政府治理的各个领域，推动政府形态从传统科层制向数字化的整体性、协同性、智慧化方向跃迁。中国政府推出"数字中国"战略，将数字政府建设作为推进国家治理体系和治理能力现代化的重要内容之一。在此背景下，黄珊珊博士等编著的《数字政府：新一代信息技术重塑治理新格局》一书，从技术改变世界、实践出真知、科学洞见未来等方面，梳理了数字政府与新一代信息技术的互动逻辑、应用场景及发展路径，既是对当前"数字政府建设"实践的反映，亦是对未来趋势的推测与洞察。本书可视为"三数理论"（数字经济、数字社会、数字文明）中数字社会治理的一个实证，在数字社会理论框架内，洞见未来数字社会治理之革新。

本书以翔实的案例与数据，揭示了新一代信息技术如何重构政府运行的经济逻辑。例如，政务云平台通过资源池化与弹性扩展，显著降低政府信息化建设的边际成本；大数据技术赋能精准决策，使政府从经验驱动转向数据驱动；区块链技术构建可信数据共享机制，打破信息孤岛，激活数据要素的市场价值。这些实践印证了数字经济情境下数据即资本、技术即工具、平台即场景的时代新特征。

本书关于平台支撑机制的论述，展现了新一代信息技术如何打破部门壁垒、连接多元主体，形成政府、企业、公众共治的扁平化治理结构。这不仅是技术工具的迭代，更是社会治理范式的升维。正如书中所述，5G技术支撑的实时数据采集与人工智能驱动的智能决策，正在重构政府与社会的互动模式，推动单向管理向多元共治转型。因此，数字政府治理的本质是构建多元协同治理平台。

本书对数据安全、隐私保护及伦理问题的关注，深刻体现了当下数字经济的文明新诉求。区块链技术的不易篡改性为政务数据可信共享提供了技术保障，数字孪生技术对物理世界的精准映射则要求我们在虚实融合中坚守伦理边界。这与数字文明强调的技术向善、以人为本的价值导向高度一致，为构建数字时代的文明秩序提供了重要启示。

纵观全书，作者不仅展现了新一代信息技术的工具理性，更深入剖析了其与政府治理价值理性的深度融合。书中案例——如大理州智慧旅游的数据驱动治理、广州市CIM平台的数字孪生实践——既是对理论框架的实证支撑，又为地方政府提供了可复制的经验范式。可贵的是作者并未止步于现状描述，而是以前瞻性视角提出了标准化建设、技术升级、安全保障等发展建议，为数字政府的可持续演进指明了路径。

在信息化、网络化、数字化、人工智能化演进进程中，中国从"跟跑"到"并跑"乃至"领跑"，始终与数字化同步前进。在数字社会治理中，数字政府建设既是技术创新的试验场，更是制度创新的突破口。展望未来，数字政府的终极目标是让技术服务于人、赋能于人、成就于人。在数字经济、数字社会、数字文明的宏大叙事中，中国有机会也有责任书写属于自己的篇章。

本书立足中国实践，有针对性地提出建立政务云统一标准、推进数据要素市场化、强化信息安全保障、培育数字治理人才等政策建议。本书还具有前瞻性和先进性，既源自数字政府建设实践，又能洞见未来，展现未来大数据和AI在社会治理领域的应用前景，有理论内涵，更能指导实践。专著付梓，我深感欣慰，期待年轻一代学者能在数字时代勇立潮头，以扎实的科研态度，紧跟时代前进步伐，通过理论创新指导实践质变，助力中国式现代化进程和中华民族伟大复兴！

愿本书成为一盏探索数业的明灯，照亮社会数字治理的创新之路；愿每一位读者能从中汲取知识营养，共同推动人类社会向前迈进。

海南大学原副校长、教授、博导
乙巳年仲夏于海甸校区东坡湖畔

前言

在全球数字化转型的背景下,建设数字政府、推动政府数字化转型成为各国政府战略规划的重点;将政府数字化转型与国家发展战略融为一体,通过数字政府建设推动实现经济社会"数字蝶变",已经成为世界各国的普遍共识。在我国,2016年发布的《中华人民共和国国民经济和社会发展第十三个五年(2016—2020年)规划纲要》提出"实施网络强国战略,加快建设数字中国"。2017年,党的十九大报告提出技术创新支撑"建设数字中国"。2019年,党的十九届四中全会明确提出"推进数字政府建设"的任务。2022年,国务院印发《关于加强数字政府建设的指导意见》,明确数字政府的发展规划和具体方向。2023年,中共中央、国务院印发了《数字中国建设整体布局规划》,将"政务数字化智能化水平明显提升"作为到2025年数字中国建设的目标之一,明确提出"发展高效协同的数字政务",为进一步推进数字政府建设指明方向。

近年来,数字政务的成效有目共睹:跨省通办事项超过200项,90%以上的政务服务实现网上办理,承诺办理时限平均压缩过半,全国一体化政务服务平台注册用户超过10亿人。这些数据背后,是数字化技术为人民群众带来的切实便利,是"数据跑"代替"群众跑"的生动体现。根据《联合国电子政务调查报告2024》,我国电子政务水平的世界排名已从2012年的第78位上升到2024年的第35位,数字政府建设不断增强人民群众的获得感、幸福感、安全感。

当全球数字化转型的浪潮席卷而来,中国以技术创新为驱动、以社会需求为导向,构建了卓有成效的数字政府模式。而支撑这些成就的关键在于新一代信息技术与治理现代化的深度融合,这种融合不仅推动了政府运作的智能化和高效化,还为社会服务质量的提升开辟了新路径。

本书围绕数字政府与新一代信息技术相互赋能的逻辑,系统探讨了理论框架与实践应用，通过对各类信息技术的多维度分析，力图展现一个由技术创新驱动的现代政府蓝图。首先，本书系统梳理了数字政府在全球背景下的发展脉络，明确了新一代信息技术在其中的定位。数字政府不是技术的堆砌，而是基于社会治理需求的精细化、智能化转型。因此，本书从概念和框架入手，阐释了数字政府与数字经济、数字化转型等核心要素的关系，为后续章节的技术应用奠定了坚实的理论基础。

接着，本书以应用场景为主线，展示了不同信息技术在数字政府建设中的深层次赋能作用。例如，云计算在数据处理和资源共享方面带来的突破，为政务云平台的建设提供了有力支撑；大数据则通过对数据资源的整合和分析，为政府决策提供了可靠依据。各类技术在政府的实际场景中不仅展示了各自的独特价值，还相互作用、共同推动了政府管理向数据驱动、智能化转变的进程。

本书还讨论了物联网、5G 和人工智能等技术如何塑造智慧政务的未来，涵盖了从应急管理到智慧医疗等多元化的政务场景。区块链和数字孪生技术则为政府服务的可信度和协同性注入了新的活力：前者通过分布式数据共享提升了信息的安全性与透明度，而后者为智慧城市的精细管理带来了虚实结合的创新模式。

可以说，本书不仅在方法论层面上给出了一种数字政府的建设模式，还试图为政策制定者、技术开发者和行业从业者提供系统的知识框架和务实的操作路径。对于希望探索数字政府如何推动社会发展的读者来说，本书具有开创性的启发意义。它通过案例、数据和具体实践为数字政府的未来发展描绘了一幅清晰的图景，力求为中国的数字化治理进程提供全方位的理论与实践参考。

当然，在新一代信息技术的支撑下，政府治理的运作还处在"进行时"阶段。技术的不断发展及更先进技术的出现，必然会对未来的政府治理和服务产生更深远、更广泛、更多元、更复杂的影响。因此，新一代信息技术与数字政府的关系及新一代信息技术如何支撑数字政府的发展，必将成为两个具有持久研究意义的学术话题和实践探索。由于笔者的知识水平有限，以及受客观条件的限制，本书仅对部分具有一定共识的理论、部分实践案例进行初步的论述与剖析，还有许多深层次问题需要深入的探讨与研究，唯愿拙著稍有抛砖引玉之用。

写作本书时正值我在剑桥大学工程系智能基础设施和建设中心（CSIC）担任博士后访问研究员，CSIC 的 Jennifer Schooling 教授和 Brian Sheil 教授在数字化城市变革领域造诣深厚，他们帮助我深入理解了信息技术在提升智慧城市功能与推动可持续发展方面的巨大潜力，这对本书的完成发挥了重要作用。同时，我要特别感谢海南大学原副校长傅国华教授，他的"分类分层次"管理理论为解决中国情境下的数字化城市变革提供了重要指导，其开创性的"数业"研究提出数字产业或数据产业将成为未来的主导产业，这些为本书提供了关键的理论支持。傅教授在科研道路上对我襄助良多，他的思想也使我受益终身，我始终心存敬佩和感激。感谢丁乾星博士、Kwadwo-Oti Sarpong 博士和 Viviana Bastidas 博士，他们不仅是我研究路上的良师益友，更在本书的写作中提供了宝贵的建议与支持。感谢我的挚友林文丽多年来对我的鼓励与帮助。最后，谨以此书献给我的家人们，你们长久以来的爱和支持是我奋勇前行的动力。

感谢深圳市科创委 2023 年度科技重大专项项目"重 202316103 5G 智能交互数字人关键技术研究与应用示范"的资金资助。

黄珊珊　博士

2024 年 12 月 9 日于英国剑桥郡

目录

第3章 信息技术支撑的政务智慧化历程

第4章 云计算在数字政府中的应用

第5章 大数据在数字政府中的应用

第6章 物联网在数字政府中的应用

第7章 5G技术在数字政府中的应用

第8章 区块链在数字政府中的应用

第9章 人工智能在数字政府中的应用

第 1 章

数字政府与新一代
信息技术简介

党的十八大以来，党中央、国务院从推进国家治理体系和治理能力现代化全局出发，准确把握全球数字化、网络化、智能化发展的趋势和特点，围绕实施网络强国战略、大数据战略等作出了一系列重大部署。在推动数字政府建设工作中，各级政府强化了建设力度，新一代信息技术的支撑能力不断涌现。如今，各级政府的业务信息系统建设和应用成效显著，数据共享和开发利用取得积极进展，一体化政务服务和监管效能大幅提升，数字治理成效不断显现，"最多跑一次""一网通办""一网统管""一网协同""接诉即办"等创新实践不断涌现，为迈入数字政府建设新阶段打下了坚实的基础。

1.1 数字政府相关概念简介

"数字政府"和"新一代信息技术"等概念是本书讨论的重要主题，为明确其定义，确保在此之后的所有描述的准确性、清晰性、共识性，我们首先对这些概念进行统一定义。

1.1.1 数字经济

2016 年的 G20 杭州峰会通过了《二十国集团数字经济发展与合作倡议》，数字经济成为 G20 创新增长蓝图中的一项重要议题，数字经济的概念自此应运而生。2017 年政府工作报告中首次出现数字经济，指出要推动"互联网 +"深入发展、促进数字经济快速增长。数字经济的内涵也随之发生了一系列变化。

第一阶段，数字经济的落脚点由"一系列经济活动"转变为一种"经济形态"。如果将数字经济看作一系列经济活动，那么这些活动在计算机发明的时候就已经存在了。这样的看法没有突显出数字经济的特点，并且否认了在数字经济时代数字经济活动需要与农业经济活动、工业经济活动并存的现实。从人类文明发展的角度来看，历经农业经济、工业经济到数字经济的时代变迁，数字经济更应该被看作一种经济形态，其中与数字技术相关的经济活动成为主流，而农业经济活动、工业经济活动则与之并存。

第二阶段，数字经济的作用由"效率提升和经济结构优化的重要推动力"转变为"促进公平与效率更加统一""重构经济发展与治理模式"。这种转变是数字经济的主要内容的变化引起的。2015 年前后，数字经济一般分为数字产业化、产业数字化。从 2018 年开始，治理内容成为数字经济中的一部分。

第三阶段，数据的赋能作用愈加明显。自党的十九届四中全会首次提出将数据作为生产要素以来，数字经济的关键生产要素从 2019 年开始逐步由"以使用数字化的知识和信息"转变到"数据"，数据对数字经济发展的重要性由此得到前所未有的突显。

随着人类社会逐渐进入以数字化为主要标志的新阶段，数字经济的内涵不断扩展延伸。《数字经济分类》将数字经济定义为以数据资源作为关键生产要素、以现代信息网络作为重要载体、以信息通信技术的有效使用作为效率提升和经济结构优化的重要推动力的一系列经济活动。需要强调的是，数字经济紧扣 3 个要素，即数据资源、现代信息网络和信息通信技术，这 3 个要素缺一不可。

当前，数字经济与实体经济的深度融合，以及不同数字产业集群的交叉重叠，已经深刻地改变了社会分工的格局，使生产关系产生了巨大的变革。毫无疑问，数字经济已经逐渐成为我国经济内生增长的驱动力。为了促进数字经济高质量发展并迈上新的台阶，我国正加快推进产业数字化、数字产业化的进程，提高数字治理的水平，建立与数字生产力相适应的生产关系，以及催生数字经济的新模式和新业态。

1.1.2 数字化转型

数字化转型的概念源于企业的实践，其本质是充分运用数字技术和数据资源解决复杂的不确定性问题，这不仅提升了企业的效率，更增强了企业核心竞争力，从而构建企业的新型竞争优势。数字化转型是建立在数字技术基础上的变革，引领着企业运营、业务流程和价值创造的独特转变。随着数字技术在各行业的应用，数字化转型的概念亦进一步拓展。

作为一个改革过程，数字化转型是指通过数字技术使社会和行业发生深刻的变革。它强调通过信息、计算、通信和连接性技术的结合，触发实体属性的重大变化，从而优化实体的运作过程；作为一种归纳框架，数字化转型可以被描述为组织对环境中发生的变化做出响应的过程，即通过数字技术改变它们的价值创造方式。

学术界普遍认为数字化转型应具备数字技术应用与组织深刻变革两个明显特征。数字化转型旨在通过应用数字技术，实现组织在基础设施、产品与服务、业务流程、商业模式和战略或组织关系甚至网络型组织结构方面的根本变革。数字化转型不同于数字化，后者仅涉及模拟信息向数字信息的转换，而数字化转型则涉及业务流程的变化及网络型组织结构与战略模式的革新。

因此，笔者认为数字化转型是在信息技术应用创新与数据资源持续增长的双重作用下，经济、社会和政府进行变革与重塑过程。数据作为数字化转型的关键驱动因素，已成为继土地、劳动力、资本、技术之后的第五大生产要素。数据的核心作用首先体现在作为信息沟通的媒介，通过数字化转型推动基于数据的信息透明化与对称性，提升组织的综合集成水平，提高社会资源的综合配置效率。

许多文献都强调跨职能部门协同是数字化转型的一个重要影响因素。组织或部门间的相互独立与不协同是数字化转型需跨越的障碍。跨越这一组织结构障碍的方法是建立新的组织或部门，并保持其具有一定程度的独立性，以实现在保持现有资源的同时进行创新。从某种程度上说，打破组织边界、实现部门间的协同是数字化转型在组织层面的必然趋势。另外，有学者指出，人才要素是数字化转型的瓶颈，人才的数字素养和操作技能是承接技术创新、加快数字化转型的关键。首席数字官作为数字化转型背景下诞生的新职能，是领导组织进行数字创新、实现数字化转型的关键要素。随着数据成为新型生产要素和驱动数字化转型的基础，清晰的数据权利和数据安全的相关法律法规亦成为数字化转型的前提和保障。

1.1.3　政府数字化转型

随着新一代信息技术的发展，国内外对政府数字化转型的研究日益深入，很多专家学者从政府数字化转型的核心动力、转型过程、出发点、终点和目的等多个角度出发，提出了政府数字化转型的一些定义和特点。总而言之，政府数字化转型的含义是多维度和碎片化的，它并不是信息技术与政府功能的简单结合，而是政府积极地引入新一代信息技术，对政府组织结构、职能定位、制度机制、业务流程等进行全面重构，以实现政府治理创新的一个系统、整体、持久的动态过程。政府数字化转型是一项涉及思想理念、业务流程、组织结构、信息技术等方面的系统性、协同性和引领性的改革。政府数字化转型不能简单地等同于现有治理体系和治理方式的数字化，而是对整个政府运作模式进行创新性的数字化改造，注重业务协同、数据融通、技术集约，推动政府工作过程数字化和工作结果数字化，进而改变政府的运作流程、治理方法甚至组织结构。

政府数字化转型的目的是提升政府治理能力，其核心是思维、体制和模式的创新，其本质是以数字化改革来支撑治理体系改革，以实现治理能力的现代化。数字化转型是一个动态过程，而非静止状态，它面向治理场景进行"敏捷创新、迭代创新"。在新一代信息技术嵌入政府内部的过程中，政府数字化转型不仅重塑了组织结构、业务流程和服务方式，还促使政府与社会、政府与市场之间形成新型关系，从而实现政府治理模式的创新，为数字中国的建设和治理现代化的进程提供有力的支持。

政府数字化转型的具体转变内容包括以下方面。

1. 转思维：革新治理理念

思维决定意识，意识引导行为，行为决定结果。政府数字化转型首先应革新理念，超越传统治理能力的认识论基础，如传统政府能力强调经验驱动、危机驱动等机制，想要超越传统政府能力就要改变数字技术对治理能力驱动的认识论。数字化转型意味着政府治理需要全面基于数据治理和创新应用数字技术，突破传统业务条线垂直运作、单部门内循环模式，以数据整合、应用集成和服务融合为目标，以服务对象为中心，以业务协同为主线，以数据共享交换为核心，从而构建"纵向到底、横向到边"的整体治理体系。

数字化思维意味着需要从封闭式边界思维转变为开放式跨界融合思维，具备业务和技术的破界融合思维、线上线下的破界融合思维、管治和共治的破界融合思维。数字化思维的本质是创新，既包含连续性创新，也包含颠覆性创新，它追求原创性而非简单的模仿，追求跃迁式发展而非渐进式改进，这就要求数字化转型的推动者和参与者具备一定的改革精神。数字化转型是一场内在组织与管理层面的革命，它需要有清晰的转型变革思维，要能在组织内达成共识，形成坚定的数字化转型信念，在战略、组织、人才、文化、管理、流程等多个层面进行系统的变革创新，并有效地执行。

2. 转组织：重塑治理结构

从工业化社会到后工业化社会，数字技术的变革和演进推动了行政组织结构范式从金字塔状科层制组织结构向扁平化、网络状组织结构转变。为实现推动政府治理能力现代化的核心目标，政府组织形态和范式也需要不断更新，提升和再造自身能力，进而转换为治理能力。政府数字化转型的实践过程是对政府内部组织权力和行政资源进行规范化与结构化革新的过程，因此必然会涉及组织形态变革、职能机构整合等调整。

在政府数字化转型过程中，要在数字化改革的总体方向指引下，综合考量行政体系的职权划分，各就其位，各尽其责，对政府部门进行优化重组，构建整体性政府，从而建立适应数字体系的高效而灵活的治理组织体系。组织结构调整和整合需要打破部门界限，改变功能分割、各自为政的管理和服务方式，由过去以部门为核心的办事方式转变为以业务为核心的办事方式，直接面向服务客体，使信息和资源突破传统职能和辖域分割的权力壁垒，形成随需而变的业务流程和跨部门协作的工作环境。

3. 转模式：再造治理流程

数字化转型必然涉及业务流程的再造，若流程再造的进度不及时，则业务协同进程中极易产生时间差、频率差的现象，传统属地管理体制的强大惯性可能会对跨区域、跨层级、跨部门协同关系的系统性建构产生一定程度的反作用力。流程再造一旦不匹配新的模式，在组织向心力和技术驱动力的双重支配下，政府数字化转型将面临科层权力规制与数字治理模式之间的组织性分歧，陷入冲突与平衡的两难境地。数字化行政转型的"技术嵌入"客观上会被传统科层内在"体制吸纳"，进而对建立部门整合、组织重塑、耦合协同的现代政府体系形成阻碍。

流程再造需在统一部署的"一盘棋"框架下推进政府数字化转型。首先，要梳理和校准核心业务，从政府部门自身职责和数字化改革要求出发，确定政府各部门的核心业务并一一梳理清楚。其次，确定业务流程和协同对应关系，明晰部门权力事项，确定每一个流程和环节，明确相关协同部门配合事项及流程，并确定跨部门的协同关系，在此基础上再进行提升、优化、精简，完成核心业务的梳理和流程再造。最后，加强跨层级、跨区域协同，以系统性、关联性、协同性的整体政府理念，从企业和群众办"一件事"的视角实现纵向一体化和横向一体化。纵向一体化即各层级一体联动、步调一致、高效协同，实现自上而下的顶层设计和自下而上的应用场景创新相结合；横向一体化即各部门各领域一体联动、步调一致、高效协同，实现相互贯通、系统融合和综合集成。

4. 转手段：优化治理支撑

数字化转型离不开以数据为核心的数字基础设施。因此，构建一个涵盖数据采集、归集、汇聚、共享、开放到应用的全生命周期的政务数据平台和数字治理框架，是政府数字化转型的关键和基础保证。数据已成为关键管理要素，它是建设数字政府的基底。跨层级、跨部门、跨领域的数据归集、共享、交换构成了整个政府数字化转型的基础。通过丰富的智能化应用，推动政府治理走向"用数据说话、用数据管理、用数据决策"的新阶段。

1.1.4 数字政府

"数字政府"这一概念源于1998年时任美国副总统艾伯特·戈尔提出的"数字地球"，而后在新公共管理运动热潮的推动下，自20世纪以来，国内外学者们从不同层面、不同维度探讨了数字政府的内涵意义，但尚未形成一个统一的概念界定和完整的理论构架。国外学术界主要从治理过程和治理模式两个视角展开研究。国内学术界最早由梁木生首次提出"数字政府"这一概念，他认为数字政府是一种具备科学性、客观性、程序性、确定性等特点的技术规制手段。翟云从治理场域、治理平台和治理能力3个方面对数字政府的概念特征加以全面概括和总结，提出数字政府与平台的渐进嵌入，全面贯通信息技术、信用契约和公共价值，推动政府机构改革和职责体系优化，是实现国家治理体系现代化的重要支撑。此外，相较于国外学术界，国内学者更多地从概念比较的角度提出了不同的见解。例如，关于"电子政务"和"数字政府"的区别和联系，张世璱和张严认为两者同义，而翟云认为数字政府是电子政务的转型升级版。

基于学术界的研究与定义，综合当前共识，数字政府是以新一代信息技术为支撑，以公众需求为导向，以数据共享为切入点，实现信息资源和业务服务数字化、智能化、精准化的新型政府形态。数字政府重塑了政务信息化管理架构、业务架构、技术架构，通过构建大数据驱动的政务新机制、新平台、新渠道，进一步优化调整政府内部的组织结构、运作程序和管理服务，全面提升政府在经济调节、市场监管、社会治理、公共服务、生态环境等领域的履职能力，形成"用数据对话、用数据决策、用数据服务、用数据创新"的现代化治理模式，是电子政务的高级形式。

新一代信息技术正在推动政府形成基于数据与算法双驱动的治理模式，以实现精准、实时和预防式的数字治理体系，并以此塑造更具弹性、灵活性和适应性的治理运行机制。第一，数字治理为市场增效。数字治理是反映宏观经济运行及服务精准调控的"晴雨表"，大数据正在系统地革新财税与经济调控体系，数字技术作为助力构建资源配置的"虚拟之手"，能提升市场资源配置效率和精准度。例如，浙江省推进"亩产效益"综合评价，就是通过制定更加高效、集约、创新的经济评价指标体系，构建起更加高效的资源配置机制。税务大数据对于发现税源、巩固税基、分类征税、公平征税等诸多环节都有提升效能和降低成本的显著功能。数字技术还是市场监管的感应器，能够将政府监管扩展到虚拟市场，构建数字监管体系。监管机构、监管手段和监管模式伴随着移动设备终端、实时数据跟踪、全流程可追溯等技术的发展而发生本质性变化。第二，数字治理为社会赋权。随着人类社会的数字化进程，工业社会强结构、强标准、强控制的"中心化社会结构"，逐步转变成多边协同、自治协商、网络耦合的"多中心社会结构"，数字治理为人民群众了解公共事务、参与社会治理提供了透明、平等的新渠道，也为政府提供了感知社情民意、研判和化解社会风险的机制，为构建共建共治共享的社会治理共同体奠定了基础。例如，市民热线接诉即办、政务服务"好差评"

等举措，充分突显了数字治理"以人民为中心"的发展理念。

1.1.5 数字治理

"治理"这一概念最早起源于拉丁语，原意为引导、掌舵与控制。20 世纪 80 年代末，世界银行在一篇关于非洲问题的报告中首次提出了"治理危机"一词，由此催生了治理理论。1995 年，全球治理委员会在一份报告中将治理定义为个人或组织通过联合各种管理手段进行管理的过程。治理是缓解各方利益冲突的过程，同时治理过程具有连续性。随着时间的推移和人们认识的加深，治理理论得到了诸多发展和拓展。总体而言，治理可以从以下 4 个层面来分析：首先，治理是一个过程，而非规则或结果；其次，治理所需的条件是协调，协调是治理的基础；再次，治理强调各主体间的持续互动，而不是僵化地遵循规则；最后，治理的主体既包括公共部门，也包括其他私营部门。

数字治理就是数字时代的治理新范式，其核心特征是全社会的数据互通、数字化的全面协同与跨部门的流程再造，形成"用数据说话、用数据决策、用数据管理、用数据创新"的治理机制。作为数字时代的全新治理范式，数字治理主要包含以下 3 个方面的内涵。

首先是"对数据的治理"，即将治理范围扩展至数据要素。数据要素作为新兴的生产要素和关键治理资源，已成为大国竞争的核心领域。因此，对数据的治理已成为制定数字经济规则的关键内容。这包括数据要素的所有权、使用权、监管权，以及信息保护和数据安全等方面，都需要一个全新的治理体系。

其次是"运用技术进行治理"，即通过应用新一代信息技术来优化治理技术体系，从而提升治理能力。新一代信息技术可为国家治理提供全面的"数字赋能"，改进治理技术、手段和模式，实现对复杂治理问题的超大范围协同、精确施策、双向互动和超时空预测。

最后是"对数字融合空间的治理"，随着越来越多的经济社会活动转移到线上，治理领域也随之扩展到了数字空间。未来将有更多的经济社会活动在线上进行，以全新的方式创造经济价值和塑造社会关系。这就需要我们建立适应数字融合的治理体系，对数字融合空间的新兴事物进行有效治理。

1.1.6 国家治理现代化

治理体系现代化是指国家治理组织系统结构的现代化，而治理能力现代化是指国家治理者素质和方法方式的现代化。两者既有区别，又有联系。通常，我们把国家治理体系和治理能力现代化统称为"国家治理现代化"。这一概念作为继工业现代化、农业现代化、国防现代化、科学技术现代化之后的"第五化"。前"四化"主要从生产力和物质基础的层面探索现代化，属于硬实力范畴；"第五化"强调国家治理体系和治理能力，主要从上层建筑和思想文化意识形态的层面探索现代化，属于软实力。

国家治理现代化涉及优化和完善政治权力关系、公民权利关系及两者之间的互动关系。就优化政治权力关系而言，不断加强党的全面领导和集中统一领导体制，提高党的科学执政、民主执政、依法执政水平；在国家政治方面，坚持和完善中国特色社会主义制度，完善立法权、行政权、司法权、监察权的相互关系，完善中央与地方关系，形成权责统一、科学配置、体制完善、运行高效的政治权力结构。就完善公民权利关系而言，贯彻依法治国战略，加强人权法治保障，保证人民依法享有广泛的权利和自由、承担应尽的义务，引导全体人民做社会主义法治的忠实崇尚者、自觉遵守者、坚定捍卫者。就政治权力与公民权利关系而言，明确权力的边界、规范权力的运行，积极培育和实现公民权利，推进公共权力与公民权利的良性互动，达成公共权力与个人权利的合作共治，实现国家治理、社会调节和居民自治之间的良性互动与相互强化。

在数字时代，全方位的数字治理为国家治理现代化提供了强大的支持，新一代数字技术在各个方面实现了"数字赋能"，极大地提升了国家治理能力，赋予国家治理前所未有的数字化能力。

第一，数字治理实现了国家治理的超大范围协同。治理领域不仅需要专业分工，而且高度复杂，许多治理难题涉及不同领域和部门，需要协同解决。数字治理能够整合信息流和业务流，基于数据平台实现政府与社会、各区域间、各部门间的协同共治。

第二，数字治理实现了治理过程的精准滴灌。无论是金融监管，还是促进消费、支持中小微企业，国家治理对"精准性"的要求越来越高。数据的汇聚与挖掘可以解决信息稀缺的问题，帮助获得服务与监管对象的精准画像，实现政策资源的精准投放。

第三，数字治理实现了治理主体间的双向沟通。政府服务能够大范围地触及个体和企业，而个体和企业也能够及时向政府反馈意见建议，形成政府与社会协同的反馈闭环，提高治理质量。数字治理有助于政府与企业、政府与个体之间的即时良性互动，实现政府赋能与社会赋权的有机融合。

第四，数字治理实现了治理风险的超时空预判。超时空预判一方面来源于即时数据采集和算力的提升，如在宏观经济领域已经形成数据驱动的"即时预测"来解决经济数据的时滞问题。另一方面来源于数字融合，通过数字技术构建与物理世界相互映射的数字世界，利用数字世界进行数字化模拟，预测物理世界的未来趋势和风险。

第五，数字治理实现了国家治理的颗粒缩放。随着数字化渗透到经济社会活动的各个方面，数字痕迹被广泛采集和汇聚，数据颗粒度得到进一步细化。这使我们既可以观察每一个个体、路灯、井盖的状态，也可以汇聚到中观或宏观层次，观察每一个社区、城市、省份乃至全国的状况，贯通微观与宏观，使政策和公共服务可以依托数据微粒抵达每一个微观单元。

1.2 新一代信息技术相关概念

国务院在布局七大战略性新兴产业体系时，就将新一代信息技术纳入其中。如今，新一代信息技术作为一个宽泛的概念，主要是指以云计算、大数据、5G、物联网、区块链、人工智能、数字孪生等为代表的第三代信息技术。新一代信息技术具有前沿性、高度集成性和跨界性等特点，不仅引发了传统行业的深刻变革，还引领了新兴产业的发展。新一代信息技术涵盖了从数据采集、传输、存储、处理到应用的全过程，为社会生产、居民生活带来了便捷、高效、智能的服务。

在全球范围内，信息技术的快速发展正在改变这个世界，对城市地区，甚至对国家的发展进程的影响将会越来越深。而它自身的发展趋势也会根据"科研技术进展"和"市场热度"的变化而不断演变。如今，"数字经济""人工智能""跨界融合"和"大工程、大平台模式"已成为新一代信息产业发展的新趋势。新一代信息技术不只是指信息领域的一些分支技术，如集成电路、计算机、无线通信等的纵向升级，更主要的是指信息技术的整体平台和产业的代际变迁。

新一代信息技术的发展经历了以下几个阶段。第一个阶段，以互联网为代表的信息技术开始普及，人们可以通过网络获取信息，实现跨越时空的沟通。第二个阶段，大数据和云计算的出现，使数据处理和存储能力得到极大提升，为信息技术应用的广泛推广奠定基础。第三个阶段，人工智能的发展为信息技术领域带来了新的突破，赋予了机器自主学习和智能决策的能力。第四个阶段，物联网和5G通信技术的发展进一步拓宽了信息技术的应用范围，使万物互联成为现实。

当前，新一代信息技术已逐渐成为全球科技创新中最为活跃、渗透力最强、影响最广的领域。它正引领一场新的科技革命，以前所未有的速度转化为实际生产力，推动着科技、经济和社会的持续发展与变革。自党的十八大以来，新一代信息技术产业发展成果丰硕，产业价值、创新程度和绿色发展水平显著提升。

新一代信息技术作为科技创新的关键突破领域，呈现出产业规模不断扩大、创新能力持续增强等特征。其与各个行业和领域融合的深度和广度逐步拓展，为融合发展奠定了更加坚实的基础，推动融合发展水平跃上新的台阶，为我国实现制造业和网络强国目标提供了有力支持。特别是在政府领域，新一代信息技术的应用释放出巨大能量，助力政府从电子政务向数字政府转型。

从国家战略层面来看，新一代信息技术已成为我国政府管理和治理的不可或缺的工具，在推动国家治理体系和治理能力现代化进程中发挥着举足轻重的作用。

1.2.1　云计算

1. 云计算的定义

云计算是一种基于互联网的计算模式，它是将计算资源（如服务器、存储设备、网络设备等）通过虚拟化技术进行整合，构建一个统一的资源池。用户可以根据自己的需求从资源池中租用和使用这些计算资源，从而实现按需分配和使用资源的目的。云计算的核心概念包括资源虚拟化、资源池、按需分配和资源自动管理等。

2. 云计算的特点

① 弹性伸缩：云计算能够根据用户需求动态计算、存储和分配网络资源，实现资源的弹性伸缩。当用户需求增加时，可以快速扩展资源以满足需求；当用户需求减少时，可以迅速缩减资源，降低成本。

② 高可用性：云计算采用分布式架构和冗余备份策略，可以确保服务的高可用性。即使某个节点出现故障，也不会影响整体服务的正常运行。

③ 按需付费：云计算采用按需付费的计费模式，用户只需为实际使用的资源付费。这种模式降低了用户的初始投资成本，使企业可以将更多的资金用于核心业务的发展。

④ 集中管理：云计算将计算资源集中管理，实现了资源的统一调度和优化。集中管理模式可以提高资源利用率，降低能耗，减少运维成本。

⑤ 数据安全与隐私保护：云计算服务提供商通常会采用严格的安全措施来保护用户数据的安全和隐私。这些措施包括数据加密、访问控制、安全审计等，以确保用户数据的安全。

1.2.2　大数据

1.　大数据的定义

大数据（Big Data）是一种规模庞大到无法通过传统手段获取、存储、分析和管理的数据，这种数据一般有着复杂的种类、庞大的规模、快速的增长和传播速度，以及较高的价值潜力。大数据不仅是一种技术手段、思维方式，更是一种社会资产，它是新资源、新工具、新应用的综合体。

2.　大数据的特点

① 数据量巨大（Volume）：大数据的一个显著特点是数据量巨大，远超传统数据库系统的处理能力。随着科技的发展，数据的产生速度越来越快，使数据量呈指数级增长。

② 数据类型多样（Variety）：大数据来源于各种渠道，包括结构化数据、半结构化数据和非结构化数据。科学技术的发展和互联网移动终端的不断开发普及，使互联网空间与现实空间的数据交互产生了大量非结构化数据和半结构化数据。非结构化数据的特点是数据之间没有因果关系，如音频、图片、视频等；半结构化数据的特点是数据之间的因果关系较弱，如网页数据、邮件记录等。

③ 数据处理速度快（Velocity）：大数据需要在短时间内进行处理和分析，以满足实时业务需求。大数据的高速特性表现在 3 个方面。其一，数据的快速生成。根据国际商业机器公司的一项研究，社会发展产生的数据超过 85% 是在过去一年内生成的。其二，数据的快速更新。相较于传统数据来说，大数据能够实现数据更新的高速性，这突显了对获取数据和及时更新数据的要求更高。其三，数据处理的高效率。大数据拥有更强的管理和分析数据的能力。面对大数据的爆发式的普及与增长，政府和企业都在不断地对设备和技术进行创新升级，保证能够更高效、快速处理大数据。

④ 数据价值密度低（Value）：价值性是大数据最重要的特征，通过从大量无关联的各类数据中提取有价值的数据，对未来趋势进行预测分析，可以智能地利用数据并对其进行准确分析，以数据的形式反映物质的整体特质，从而提升大数据的应用价值。大数据中的有效信息通常占比较低，因此需要对海量数据进行筛选和分析，提炼出有价值的信息。大数据分析技术可以帮助企业挖掘数据中的潜在价值，为决策提供支持。

⑤ 数据可靠性高（Veracity）：研究数据质量必须经过仔细的计算和反复的迭代，

以确保数据源的真实性、可信度和可靠性。在分析过程中，大数据会存在清洗偏差、数据重叠和异常值等问题，必须确保这些问题不会损害数据系统的完整性和准确性。

1.2.3　5G

1. 5G 的定义

5G 是第五代移动通信技术的简称，是继 1G、2G、3G 和 4G 之后的最新一代移动通信技术。5G 技术的发展目标是实现更快速的数据传输、更低的时延、更高的可靠性和更广泛的网络覆盖。5G 网络不仅可以提供更高品质的移动宽带服务，而且还可以支持物联网和工业互联网等多种应用场景。

2. 5G 的特点

① 超高速率：5G 网络的速率是其引人注目的特点之一。与 4G 相比，5G 网络可以实现高达 20Gbit/s 的峰值速率，这比 4G 网络的速度快了 10 ～ 100 倍。这种高速数据传输能力使在 5G 网络下，用户可以在短短几秒钟内下载一部高清电影，同时也为在线视频流、虚拟现实、增强现实等高速场景提供了良好的支持。

② 低时延：5G 技术的另一个突出特点是其极低的网络时延。5G 网络的端到端时延可以低至 1ms，仅为 4G 网络时延的约 1/50。这种极低的网络时延为实时互动类应用（如在线游戏、远程医疗、无人驾驶等）带来了革命性的改变，极大地提高了用户体验。

③ 大连接数：5G 网络在连接能力上相较于 4G 有了显著提升。5G 技术可以在每平方公里内连接数百万个设备，远超 4G 网络的连接能力。这使 5G 网络能够更好地应对未来物联网、工业互联网、智能家居等大规模设备连接的需求。

④ 高可靠性：5G 网络在关键应用场景下具有高度的可靠性。通过采用先进的网络切片技术，5G 网络可以为不同类型的业务提供定制化的服务质量保障。例如，在远程医疗、智能交通等关键领域，5G 网络的连接成功率可以达到 99.999%，确保了通信服务的稳定可靠。

⑤ 广覆盖：5G 技术采用了多种射频频段，包括低频、中频和高频，这使 5G 网络可以实现更广泛的覆盖。通过大规模天线阵列（Massive MIMO）和波束赋形技术，5G 网络可以提供更高的频谱利用率和空间复用率，从而实现更广泛的覆盖和更高的网络容量。此外，5G 技术还采用了小型基站技术，通过在热点区域部署大量的小型基站，以提高信号的覆盖率和质量。

1.2.4 物联网

物联网是信息领域的一次重大发展与变革，该技术的广泛应用将在未来为解决现代社会问题作出巨大贡献。2009 年以来，美欧日韩等主要国家和地区纷纷出台了物联网发展规划，对相关技术和产业进行做了前瞻性布局，我国"十二五"规划也将物联网作为战略性新一代信息技术并予以重点关注和推进。如今，无论是在国内还是在国外，物联网正处于蓬勃发展阶段，不同领域的专家、学者、产品研发人员对物联网研究的观点各异，关于物联网的定位及其特征的认识还未能统一，对于其框架模型、标准体系和关键技术都还缺乏清晰化的界定。

1. 物联网的定义

物联网的一般定义：物联网（IoT）是指通过各种信息传感设备，如射频识别技术、全球定位系统、传感器、激光扫描器、红外感应器、气体感应器等各种装置及技术，实时地采集任何需要监控、连接、互动的物体或过程的信息，如声、光、热、电、力学、化学、生物、位置等，并与互联网融合形成的一个庞大网络。其目标是实现物与物、物与人的连接，即所有物品与网络的连接，以便于识别、管理和控制。

基于一般定义，物联网就是与互联网相连的传感网，是一种将现实世界中的实体（如物品、设备、人等）与互联网相连接的技术。通过使用各种传感器和通信技术，物联网可以实现数据的收集、传输和分析，实现人与物体的沟通，以及无生命物质间的智能对话，进而实现对实体的智能化监控和管理。

国际电信联盟对物联网的定义：物联网主要解决物品到物品（T2T）、人到物品（H2T）、人到人（H2H）之间的连接。与传统互联网有所不同，H2T 是指人利用通信设备与物品建立联系，H2H 是指人和人之间不需要个人计算机而实现的互连。因为互联网没有考虑到任意物品如何联接的问题，故我们使用物联网来解决这个问题。物联网就是连接物品的网络，国内常常有提到 M2M 的概念，意思是人到人（Man to Man）、人到机器（Man to Machine）、机器到机器（Machine to Machine），从人扩展到机器，实质上也是为了最终实现人与人之间的信息交流。

国际电信联盟（ITU）物联网研究组对物联网的定义：物联网的核心技术主要包括普适网络、下一代网络和普适计算。对这 3 个核心技术的理解如下：①普适网络，指普遍存在的、无处不在的网络；②下一代网络，指在任何时间、任何地点，互连任何物品，提供多种形式的信息访问和信息管理的网络；③普适计算，指普遍存在的、无处不在的计算。其中下一代网络中"互连任何物品"的定义是国际电信联盟物联网研究组对下一代网络定义的扩展和发展趋势的预测。如今的互联网络随处可见,如对讲机互连、手机互连、传感器互连、人机互连等,所以国际电信联盟物联网研究组对未来的预测具有一定的前瞻性。

2. 物联网的特点

物联网的本质特征有3个:互联网的特征,即对联网的物质要求具有互联互通的功能;识别与通信的特征,即网络中的物质应具有自动识别、物物通信的功能;智能化的特征,即网络系统应具备自我反馈、自动化与智能控制的功能。其6大特点如下。

① 智能化:物联网通过将传感器和设备连接到互联网,实现了对各类实体的实时监测和智能化控制。在物联网体系下,设备可以根据预设的规则和策略自动执行任务,提高生产效率和资源利用率。

② 实时性:物联网可以实现实时数据的采集和传输,使用户能够随时了解设备和物品的状态。这种实时性对于监控和管理生产过程、提高安全性和可靠性等方面具有重要意义。

③ 远程控制:物联网技术使用户可以通过互联网远程控制和管理设备,不受地域限制。这种远程控制功能在家庭、工厂等场景中具有广泛的应用,可以节省人力成本并提高效率。

④ 大数据分析:物联网可以实现大量数据的收集和分析,通过数据挖掘和机器学习等技术为用户提供有价值的信息和建议。大数据分析在物联网领域具有重要作用,可以帮助企业优化生产过程、降低成本、提高竞争力。

⑤ 多样性和兼容性:物联网技术具有高度的多样性和兼容性,支持各种类型的设备和传感器。这使物联网可以适应多种应用场景,如智能家居、智能交通、智能医疗等。

⑥ 网络安全:物联网的发展带来了更多的网络安全挑战。随着越来越多的设备接入互联网,网络安全对于数据的保密性、完整性和可用性变得尤为重要。因此,物联网领域需要不断加强网络安全技术的研究和应用。

1.2.5 区块链

1. 区块链的定义

从狭义来讲,区块链是一种按照时间顺序将数据区块以顺序相连的方式组合成的链式数据结构，并以密码学方式确保其不易篡改和不易伪造的分布式账本。从广义来讲，区块链技术利用链式数据结构来验证与存储数据、利用分布式节点共识算法来生成和更新数据、利用密码学保证数据传输和访问的安全、利用由自动化脚本代码组成的智能合约来编程和操作数据，形成一种全新的分布式基础架构与计算范式。

2. 区块链的特点

去中心化：区块链技术的核心特点之一是去中心化。数据不依赖于任何中心化的服务器或机构进行存储和管理，而是分布式地存储在各个参与者的计算机上。这使区块链系统具有更高的安全性和稳定性，不容易受到单点故障或恶意攻击的影响。

安全性：区块链采用了加密算法和哈希技术，以确保数据的安全性。每个区块都包含前一个区块的哈希值，使数据在链上形成相互关联。

不易篡改：区块链技术的另一个显著特点是数据的不易篡改性。由于区块链采用了链式结构和加密算法，因此对某个区块的数据进行修改会导致后续所有区块的哈希值发生变化，从而破坏整个链的完整性。要篡改区块链上的数据，攻击者需要重新计算所有区块的哈希值，这在计算成本上是极为昂贵且不切实际的。

透明性：区块链技术具有很高的透明性。在区块链网络中，所有参与者都可以查看和验证完整的交易历史，有助于增强系统的信任度、降低欺诈风险和提高合作效率。

可追溯性：区块链技术使所有交易记录都可以追溯到最初的起点。这种可追溯性在供应链管理、知识产权保护等领域具有重要的价值，有助于确保产品的质量、来源的合规性。

共识机制：区块链网络通过共识机制（如工作量证明、权益证明等）实现参与者之间的协同和信任。共识机制使区块链系统在无须中心化的权威的情况下达成共识，实现数据的去中心化存储和管理。

1.2.6 人工智能

1. 人工智能的定义

人工智能作为一项新兴技术，属于计算机科学的前沿分支，它让机器能够理解并模仿人类的思想，从而使机器的智力甚至超越人类，如感知、记忆、情感、判断、理解、交流、思维、学习、创造等多个方面。与传统的计算机技术相比，人工智能具备自主学习、自我组织、自动适应和自主运动等特点，能够不依靠程序的命令独立执行任务。

2. 人工智能的特点

以人为本：从定义上来讲，人工智能最基本的特点是由人类设计并为人类提供服务。虽然目前已经有一些专门制造机器的智能机器来服务于人类社会，从这个角度来说，人工智能的特点已经在由人类制造的方面上有所发展，但无论如何，人工智能都必须以人为本。

自主学习：人工智能具有自主学习的能力，能够通过不断地接触数据和实践经验，改进自身的知识和技能。以数据为基础、以学习方法为工具实现智能。人工智能实现的根本途径是通过机器学习来进行结果反馈，从而发现眼前事务和问题的处理规律。这种自主学习能力使人工智能可以在没有明确编程指令的情况下，自动地适应新的任务和环境。典型的自主学习技术包括机器学习、深度学习等。

推理和解决问题：人工智能具有推理和解决问题的能力，可以在给定的信息和约束条件下找到合适的解决方案。这种推理和解决问题的能力使人工智能可以在如规划、优化、诊断等任务中发挥重要的作用。目前人工智能的机器学习方式分为监督学习、非监督学习、半监督学习和强化学习 4 种方式，皆是通过对一定的数据量进行推导、演算和试错，从而完善和提高人工智能系统及其稳定性。

语言和模式识别：人工智能具有识别语言和模式的能力，可以理解和处理自然语言、图像、音频等多种类型的信息。这种语言和模式的识别能力使人工智能可以在如语音识别、自然语言处理、计算机视觉等领域发挥重要的作用。

适应环境：人工智能具有适应环境的能力，可以在具有不确定性和动态性的环境中调整自身的行为和策略以达到最佳的效果。人工智能通过机器学习可以将环境中的信息数据加以分析，并学习如何解决在自己所被赋予的任务目标过程中的问题，即具有一定的随环境、数据或任务变化而自适应调节参数或更新优化模型的能力。这种适应环境的能力使人工智能在如机器人技术、无人驾驶等领域具有广泛的应用前景。

知识表示与处理：人工智能系统能够表示和处理复杂的知识结构，如语义网络、本体论等。这使人工智能能够理解、组织和检索大量的知识信息，从而在知识工程、智能搜索等领域发挥重要作用。

人机交互：人工智能具有与人类进行高效、自然的交互能力。它通过距离传感器、动作捕捉器、声音识别器、图形传感器等主动获取环境与人类的互动信息。在被动向信息获取中，人工智能设备通过外部设备输入信息，如按钮、键盘、鼠标、屏幕、手势、体态、表情、力反馈、虚拟现实、增强现实等或是直接从本身的数据仓库中获取信息。这使人工智能在如智能助手、聊天机器人、虚拟现实等领域具有广泛的应用前景。相关技术包括自然语言处理、情感计算、虚拟现实等。

1.2.7 数字孪生

1. 数字孪生的定义

数字孪生技术以数据与模型的集成融合为基础与核心，通过在数字空间中实时构建物理对象的精准数字化映射，基于数据整合与分析预测来模拟、验证、预测、控制物理实体全生命周期过程，最终形成智能决策的优化闭环。该技术面向的物理对象包括实物、行为、过程，构建孪生体涉及的数据包括实时传感数据和运行历史数据，集成的模型涵盖物理模型、机理模型和流程模型等。

2. 数字孪生的特点

① 实时性：数字孪生技术能够实时地模拟和反映物理实体的状态、性能和工作过程。通过收集实时数据和传感器信息，数字孪生可以为实体提供详细的数据分析，从而支持决策、优化和预测等功能。

② 高度仿真：数字孪生技术通过精确地模拟物理实体的结构、功能和性能，实现了与实际对象的高度一致性。这使数字孪生在产品设计、开发和测试等阶段具有很高的价值。

③ 数据驱动：数字孪生技术依赖于大量的实时数据和传感器信息，通过对这些数据的处理和分析，实现对物理实体的深入理解和优化。这使数字孪生在数据分析、预测维护等领域具有广泛的应用前景。

④ 可视化：数字孪生技术通过可视化界面，使用户能够直观地了解和控制物理实体的状态和性能。这种可视化特性有助于提高工作效率和减少失误。

⑤ 互操作性：数字孪生技术可以与其他软件和硬件系统进行互操作，实现信息的共享和交换。这种互操作性使数字孪生能够成为企业和组织内部不同系统之间的桥梁，提高协同工作的效率。

⑥ 优化和预测能力：数字孪生通过对物理实体进行实时监控和数据分析，可以发现潜在的问题和机会，从而实现系统和设备的优化和预测维护。这有助于降低运营成本，提高设备的可靠性和性能。

1.3　新一代信息技术的分类

新一代信息技术以其跨空间的高频互联互通和异步传输能力，打破了政府内部的信息传递方式和作用发挥模式。政府通过大数据、云计算等数字技术创新和政务服务流程创新，为数字治理提供了重要的技术支撑。现代发达的信息技术贯穿数字治理的始终，它根据需求感知公共服务的产生和供给顺序，将新一代信息技术分为 5 类。

一是新一代信息感知技术。它是数字治理的最前端，通过感知城市空间内的信息，包括各种城市矛盾与需求，将所有信息编码解构成可视化、可分析的数据或符号，等待下一步的分析。信息感知技术主要包括获取位置信息、状态信息的物联网技术，如关于位置的 3S 技术（GPS 全球定位系统、RS 遥感系统和 GIS 地理信息系统）。

二是新一代信息传输技术。随着现今大数据技术的发展，信息对通信传输的要求越来越高，4G 网络已经无法满足其需求，人们迫切地需要一种速度更快、成本更低、功耗更小、传输更为安全可靠的技术。因此，5G 通信技术应运而生。总体来说，5G 网络的目的是要使用户终端始终处于联网状态，它将要支持的设备远不止智能手机，而是会扩展到未来的物联网设备。与当今 4G 网络相比，5G 技术提供更密集且高效的网络支持，并且在使用限制上也比 4G 网络大大减少，可以更方便地实现人与物的联通。

三是新一代信息处理技术。它包括数据的归类和数据的处理，主要应用云计算、大数据技术、人工智能技术。数据归类是将前端收集的数据进行标准化处理，转换为统一的标准格式，再根据数据类别进行分类操作，涉及残缺数据的补足、冗余无关数据的剔除和同类差异化数据智能匹配等操作。数据处理是对已分类的数据进行管理和分析，包括建立相对应的数据库、追溯数据源、定位数据位置、整合数据流、分析数据的价值与应用等。

四是新一代信息辅助决策技术。决策以管理科学、军事运筹学、控制论和行为科学为基础，通过计算机技术、仿真技术和信息技术等手段，对一项活动的所有可行方案进行分析、判断并作出选择。决策辅助技术是指决策者在决策过程中为做好分析问题、预计后果、处理不确定性因素、评价与选择方案等各项工作所需的各种方法技术的总称。数字政府的决策问题可分为实时辅助决策和预测辅助决策。实时辅助决策利用物联网技术监控整个城市的基础设施和公共服务体系，再通过大数据、人工智能相关算法和数字孪生仿真等技术实时地对城市进行布局规划，并辅助作出实时的城市管理决策。预测辅助决策则利用大数据、深度学习算法等，结合区块链技术，预测未来城市面临的社会问题，并据此设计决策方案。

　　五是新一代信息智能服务技术。智能服务技术是建立在信息汇集、信息处理、辅助决策基础上的成果展现，它根据城市运转过程中收集到的民众需求和遇到的顽疾问题，通过人工智能等技术分析其中的缘由与症结，智能化地满足需求、化解矛盾。相较于传统服务，智能服务技术在供给手段操作上具有简便、易管理、低成本等优势，服务质量上也更精准、高效和便捷。

第 2 章

数字政府与新一代
信息技术的关系

作为新兴领域和前沿技术的汇集地，新一代信息技术支撑着政府数字化转型的兴起及历史发展。因此，明确新一代信息技术与政府数字化转型之间的内在关联与耦合效应，是分析新一代信息技术如何支撑政府数字化转型机理的前提。本章将重点介绍新一代信息技术支撑政府数字化转型的机制。

2.1 两者之间的相互关系

新一代信息技术与政府数字化转型的联系在本质上表现为微观技术革新与宏观政府治理之间的互动逻辑。从技术治理理论和治理现代化两方面来看，政府数字化转型受新一代信息技术的推动，这种互动关系体现在微观技术层面与宏观治理层面之间，互动的关键在于微观技术与中观政府管理层面的相互作用。

技术与政府管理之间的互动旨在改变现有政府系统的功能和组织结构，以适应新一代信息技术引领下的数字时代的发展需求。与此同时，政府需要对新一代信息技术在政府系统中的应用路径进行约束与规范。政府治理现代化、新一代信息技术与政府数字化转型的内在关联如图 2-1 所示。

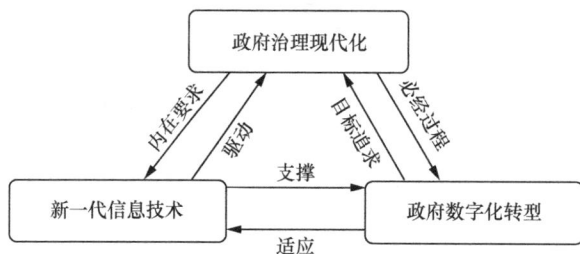

图2-1　政府治理现代化、新一代信息技术与政府数字化转型的内在关联

当前，大数据、区块链等新一代信息技术广泛应用于政府治理，推动政府的数字化转型。新一代信息技术之所以能够在政府数字化转型中得到广泛应用，是因为其技术特性能够提升政府在特定领域的能力，为政府行为提供新的可能性。结合图 2-1 和相关研究，梳理出新一代信息技术支撑政府数字化转型的微观技术应用、中观政府管理和宏观政府治理的 3 个层次。快速发展的新一代信息技术，在政府数字化转型过程中起到了基石和支撑的作用，满足了政府在信息系统变革、执政效率提升、宏观治理转型、数字政府治理及价值追求等方面的需求。

2017 年，党的十九大提出要完善社会治理体制，这一体制以党委领导、政府负责、社会协同、公众参与、法治保障 5 个要素为主要内涵。2019 年，党的十九届四中全会再次提出要完善社会治理体系，与之前不同的是，"科技支撑"成为一个新要素。从党的两次重要会议对社会治理体系的战略部署中可以看出，科技对政府的影响极其重大。新一代信息技术作为新一轮科技革命的重要标志，无疑是政府数字化转型的核心支撑力量。下面将从技术更迭与政府演变历程、历史唯物主义两个角度来介绍新一代信息技术支撑政府数字化转型的主要体现。

从技术更迭与政府演变历程的角度来看，新一代信息技术是政府治理方式变革和治理水平提升的重要基础。政府数字化转型依赖于不断更迭的技术，尤其是新一代信息技术的发展。新一代信息技术代表着现代信息技术的最新发展进程，是最前沿的技术形态，为政府数字化转型提供了必要的技术支撑。与传统公共行政时期政府对信息技术的保守态度不同的是，新一代信息技术的应用逐渐受到公共管理活动的青睐，政府治理变革的逻辑起点是社会的技术变革，新一代信息技术的广泛应用不断改变着整个社会。传统的"电子化""信息化"等技术力量逐渐减弱，"电子政务""网上政府"等形态逐渐被摒弃。以新一代信息技术为主要支撑的"智能政府"等新型模式不断涌现。显然，新一代信息技术应用的强大支撑力已成为政府数字化转型的逻辑起点。

从历史唯物主义的角度来看，新一代信息技术作为前沿科技生产力的代表，推动了第四次工业革命的发展，使社会的生产模式发生变化，促进了经济结构的变革与演进，支撑了作为上层建筑的政府治理数字化转型。新一代信息技术作为信息技术的最新发展方向，是技术前沿的生产力，它必将推动生产力的发展，从而调整生产方式，改变经济基础。在第四次工业革命中，新一代信息技术使社会生产方式发生了深刻变化，伴随而来的是经济发展引发的政府生产力和政府上层建筑的深刻变革和持续更新。

综上所述，新一代信息技术对政府数字化转型具有显著的推动作用。从技术更迭与政府演变历程和历史唯物主义两个角度来看，新一代信息技术为政府数字化转型提供了必要的技术支持，并推动了政府治理方式的创新与变革。在新一代信息技术的推动下，政府数字化转型将不断深化，实现政府治理的现代化。

2.1.1 政务信息系统变革对技术的需求

新一代信息技术支撑的政府数字化转型强调将新一代信息技术应用于政府治理领域，这主要体现在政府数字化转型对技术的迫切需求。以此观之，政府在数字化转型过程中，最为直观的变革就是政务信息系统更新的技术需求俱增。结合政府自身转型的需求，政府对新一代信息技术的需求主要体现在连接互通技术、功能整合技术、数据处理技术和平台建构技术方面。

1. 对连接互通技术的需求

新一代信息技术的发展使多元主体与多种设备之间的关系越来越复杂，政府对连接互通技术的需求主要体现在两个方面：一是多元主体连接的需求，技术的发展和社会的进步使社会、公众、企业等多元主体之间的关系趋于复杂化，政府就如何将多元主体连接起来对连接互通技术提出了新的要求，以此为构建政府、企业、社会组织、公民社会参与的新型治理模式打下技术基础，从而突破传统政府治理主体的分离、脱节和割裂的状态；二是人们与不同物体的连接需求，各种物件、组织和人员等的相互连接，亟须通过技术、信息与数据等实现。在数字时代，政府、企业和个人等社会经济主体，通过数字化、信息化和智能化等技术才能进行互动与交易，为经济社会发展与政府治理的更新奠定主体互动的技术基础。连接互通技术为解决"信息烟囱"和"信息孤岛"等问题提供了技术支撑，确保信息资源的共享。

2. 对功能整合技术的需求

新一代信息技术在我国的普及，使传统的社会和经济运作模式发生了变化，客观上要求政府通过新一代信息技术对内部资源进行有效的整合，并实现政府与民众的良性互动。首先，政府与社会组织之间的各种沟通协调和信息传递需要通过功能整合技术实现；其次，碎片化的信息需要运用人工智能、区块链等技术手段进行整合，打破政府、社会组织、监管评估方及公众之间信息不对称的现状，疏通交流渠道，建立各主体间的互信关系；最后，政府的信息处理能力需要在信息资源整合的基础上不断提高，具体而言，在信息收集与整合过程中，政府需要通过技术系统收集更多的信息，减少信息偏差，利用智能化系统将碎片化的信息整合到统一的平台。

3. 对数据处理技术的需求

在数据爆炸的数字时代，政府作为最大数据库的拥有者，对大量数据进行有效的收集和分析是政府治理能力水平的重要体现。随着新一代信息技术的飞速发展，各种类型的数据传感器已被大量地应用于城市交通、卫生、教育等领域，人们对各种数据进行了大量的采集和加工，进而使公众可以方便地利用互联网进行各种公共活动，个体的主要行为都可以用数据来表现。政府亟须通过数据收集、数据分析、数据共享等数据处理技术处理社会公众数据，了解企业和公众的服务需求，及时发现潜在的社会问题，精准定位公众的差异化需求，进而采取有针对性的方案，实现数据的"取之于民，用之于民"，最大化地满足公民的服务需求。

4. 对平台建构技术的需求

在传统的政府信息化和电子政务中，为了管理信息项目，每个政府机构都需要建立独立的信息管理部门，由此便形成了相对独立的信息系统架构。首先，政府在信息管理和系统升级需要承担高昂的费用。其次，在人员和机构配置上，政府也有着巨大的成本和资源投入。例如，广东省在进行"数字政府"改革前，55 个省直政府单位一共设立了 44 个负责信息化工作的政府机构，而政府公务人员更是多达 745 名。为改变这种分散运营的状态，政府亟须运用新一代信息技术构建新平台以减少政府的开发和运行成本，以此明晰管理部门与信息技术部门的边界，同时为了促进不同治理主体之间的协调合作，需要将分散的网络整合为一个相互学习、提高能力的平台，从而为政府与公众进行实时沟通和互动提供渠道。总体而言，新一代信息技术主导的第四次工业革命大大提高了生产力，促进了经济的快速发展。社会经济发展水平对政府的发展起着至关重要的作用。新一代信息技术的发展使国家基础设施的建设不断优化，人们的物质生活需求不断得到满足，生活水平不断提高，政府建设的经济基础不断加强。新一代信息技术作为最前沿的生产力，改变了社会的经济基础，政府治理作为生产关系和上层建筑中的核心部分，其变革也在新一代信息技术的支撑下完成。可以说，新一代信息技术促进生产力的发展，从而引起生产关系与经济基础的变化，并最终促使社会上层建筑的变迁。

2.1.2　政府执政效率提升对技术的需求

以大数据和人工智能等为代表的新一代信息技术，正作为一种新型的动力，迅速地融入政府数字化转型的全过程，大大提高了政府的行政效率和公共服务的质量。结合新公共管理理论中对管理效率和行政绩效的观点，可以说，追求全方位的工作效率、效果和效能不仅是政府治理追求高水平的鲜明特征，还是新一代信息技术支撑政府数字化转型的价值体现。

1. 信息资源共享的需求

党的十九大报告提出要"打造共建共治共享的社会治理格局"，"共建"是指社会主体共同参与社会建设，"共治"是指社会主体共同参与社会治理，"共享"是指社会主体共同享受治理成果，而实现这一目标的重要前提是信息资源的共享、共用。随着新一代信息技术的普及，社会中的信息与数据爆炸性地增长，公共事务的复杂性和人们对社会生活要求的多样化，使政府部门间信息资源的共享面临着新的挑战。信息共享困难是以往电子政务建设中普遍存在的问题，其主要原因是电子政务的整个信息化流程独立、分散、碎片化，政府各行政机关对信息资源进行了划分和独占，导致庞大的公共数据资源与现实中的共享情况存在着很大的差异，不但造成了大量的资源消耗，而且影响了公共服务的效能和协调能力，制约了信息资源的开发与利用。因此，政府亟须推动政务信息资源的共享、共用，为跨部门政府的协作、政府决策的科学化与民主化提供信息基础，以便于政府监管和公众监督，助力服务型政府建设。

2. 政务服务精准的需求

回顾我国政府从信息化到电子政务再到数字政府的历程，政府服务方式的不断变化始终是为了一个共同的目标，即满足人们的需求。进入数字时代，公众对政务服务的质量要求在不断提高。根据第 55 次《中国互联网络发展状况统计报告》的数据，截至 2024 年 12 月，我国网民规模达 11.08 亿，较 2023 年 12 月增长 1608 万人，互联网普及率达 78.6%。在网络接入环境方面，网民人均每周上网时长为 28.7 小时，网民使用手机上网的比例达 99.7%，使用台式计算机、笔记本计算机、平板计算机和电视机上网的比例分别为 36.2%、32.0%、30.8% 和 25.1%。随着公民参与政治生活的不断加深，人们越来越倾向通过网络来表达意见和诉求，公民通过网络表达服务需求的呼声也越来越高，这对政府公共服务的质量提出了更高要求。因此，政府开始重视大数据等新一代信息技术的应用，深入掌握广大公民的服务需求，找准广大公民的政治诉求，有的放矢地提供政府服务，满足众多"互联网人群"的办事需求。

3. 部门协同办公的需求

随着新一代信息技术的不断发展，传统的依靠计算机的简单办公方式已经无法满足政府部门的内在需求，政府对高效办公、即时反应的需求越来越高，迫切需要利用新一代信息技术来建立现代化的智能办公系统。为了消除政府部门之间的数字鸿沟，实现部门之间及部门内部的信息共享，政府开始尝试部门之间的协同办公。我国在全国一体化在线政务服务平台建设的相关政策文件中多次指出，要"加强政务信息资源跨层级、跨地域、跨系统、跨部门、跨业务互联互通和协同共享""提高协同服务能力"等，这就要求政府充分利用新一代信息技术，在全面熟悉和梳理工作流程的基础上搭建政务协同的智能办公系统，构建部门之间、部门内部的协同处理工作事务的机制，实现部门办公业务系统化和自动化的高效运行。

2.1.3　政府宏观治理转型对技术的需求

2024 年 7 月 18 日，中国共产党第二十届中央委员会第三次全体会议通过了《中共中央关于进一步全面深化改革 推进中国式现代化的决定》。《决定》提出，推进政府机构职能、权限、程序、责任法定化，促进政务服务标准化、规范化、便利化，完善覆盖全国的一体化在线政务服务平台；继续完善和发展中国特色社会主义制度，推进国家治理体系和治理能力现代化。

新一代信息技术为政府治理带来挑战的同时，也为政府治理带来前进的动力。面对新一代信息技术的强大驱动力，政府数字化转型在宏观治理层面有更多的变革需求，主要表现在治理理念转变、治理结构转型和治理方式转型。政府宏观治理转型对技术的需求主要有 4 个方面：一是通过推进新一代信息技术的融合，促进政务服务事项集成化办理，优化业务流程，提升系统对接整合和数据共享水平，减少办事环节，精简申请材料，压缩办理时限；二是利用人工智能等技术，重点推进电子证照在政务服务领域的应用和全国互通互认，推广"免证办"服务；三是利用新一代信息技术在网络空间的互联互通，将群众经常办理且基层能有效承接的政务服务事项下沉到便民服务中心（站）办理，推动更多政务服务事项"就近办"，积极推广自助服务和自助办理；四是通过新一代信息技术支撑政务平台移动端建设、拓展政务服务移动应用，推动更多政务服务事项"网上办、掌上办"，除涉及国家秘密等情形外，加快实现"一网通办"。

1.　治理理念转变的需求

治理理念是指政府机构和工作人员对治理对象、内容、方式等的主观认识与价值评判，政府治理理念是治理模式的核心价值取向，它既是治理模式的基本取向，又是治理方式和治理结构选择的标准和最终目的。新一代信息技术的发展及公众需求的多样化要求政府治理理念要体现"治理"的特征，即要以服务公众、实现公共利益、满足公共需求的价值为导向。传统的政府治理理念与国家治理现代化的需求相悖。在新一代信息技术的支撑下，政府治理理念的转变需要以"人民满意"为基本准则，以群众的需求为基础，以群众的满意度为第一"度量衡"，持续强化政府服务观念。政府治理理念转变是一种思想观念上的变革，它需要参与主体树立参与、合作和协同的观念。因此，政府治理通过与其他社会成员的合作来达到服务的目的，参与、协同和合作是治理的根本需求。

2. 治理结构转型的需求

政府治理结构是由不同的治理机构和权力机构组成的，反映了不同权力机构的角色、地位和功能。进入数字时代，新一代信息技术的泛在化、连接性等特征为政府治理主体提供了多元化变革的渠道，由此提出了对政府治理结构转型的需求。从治理现代化的要求来看，政府治理指的是权力的分散化与主体的多元化，即要求政府治理结构的治理主体、横向关系治理角色多元化。新一代信息技术的发展及社会关系的复杂化，使传统政府在面对现状、面对更多挑战和危机的同时，也对治理主体的多元化做了充分准备，便于政府治理结构进行转型。政府治理结构转型不只是一个简单的机构改革，更是一个系统性的转变工程，它不仅包括具体的职位、职责，还包括横向、纵向和斜向的政府联系。新一代信息技术的发展使政府以公众需要为起点，建立政府与企业、非营利组织和社会团体之间的网络式合作，政府以其自身的力量与社会协同合作，有效地满足公众的需求。政府治理结构转型需要不断优化政府与社会主体的关系，通过建立健全社会治理的机制，其他治理主体能够更好地发挥作用，进而促成良性合作。

3. 治理方式转型的需求

政府治理方式是实现政府治理目标的手段和工具。对于政府治理而言，治理方式就如同生产工具对生产力一样重要，它的改进和创新极大地提高政府的治理效能。新一代信息技术的发展为治理方式带来了多种选择，这就需要政府治理方式进行不断创新和转型。治理方式转型既要利用市场化工具、社会化工具和网络化工具，又要充分调动社会公众积极参与，以发挥社会的多元智慧。政府治理要突破传统的行政管理方式，减少行政命令和控制的使用，更多地采用经济、法治的方式，更多地利用政府的宏观调控，在公共服务和物品的供应上，引进市场化的竞争机制，加速大数据体系建设和数字化转型，利用新一代信息技术为政府治理提供便利。新一代信息技术的发展使我国的社会组织结构、主体交流方式产生巨大的变化，利用信息化来提升政府的治理效能是必然趋势。信息化需要信息处理分散化与决策分权化，转变治理方式，充分利用政府各部门的专业性，使政府决策更加科学、更加民主。

2.1.4 数字政府治理能力水平对技术的需求

2019 年 11 月，《中共中央关于坚持和完善中国特色社会主义制度 推进国家治理体系和治理能力现代化若干重大问题的决定》提出，要更加重视运用人工智能、互联网、大数据等现代信息技术手段提升治理能力，提高治理现代化水平。2022 年 4 月，中央全面深化改革委员会第二十五次会议审议通过《关于加强数字政府建设的指导意见》(以下简称《指导意见》)。《指导意见》指出，要全面贯彻网络强国战略，把数字技术广泛应用于政府管理服务，推动政府数字化、智能化运行，为推进国家治理体系和治理能力现代化提供有力支撑。从国家对政府治理的部署可以看出，新一代信息技术与政府数字化转型在推动我国行政管理的现代化进程中具有重要作用，而治理现代化则是其最终目的。价值导向、关系规范和技术工具是治理现代化的多重内涵，这为政府数字化转型提供了思想主张、治理方式和技术方法上的借鉴，技术在治理现代化中起着举足轻重的作用，即具体的治理技术与国家治理形态之间是相互建构的，技术不仅是一种高效的政府治理方式，还是一种赋予社会权力的重要工具。由此可见，治理现代化的现实意义要求政府运用新一代信息技术进行数字化转型，以实现政府治理的创新。

从理论角度来看，新一代信息技术支撑政府数字化转型的实质是政府治理要素的整体变迁，即政府治理创新。相对政府数字化转型是我国全面深化改革的关键点而言，政府治理应以实现高效服务、透明公平、民主法制为核心进行变革，体现了新一代信息技术支撑政府管理变革的鲜明特征。政府治理是一个包含政府治理理念、结构、方式等诸多要素在内的整体系统。新一代信息技术的应用，不但更新了政府的技术系统，而且推动了政府行政管理的变革，更好地满足了数字时代下政府的治理需求。由此可见，新一代信息技术支撑政府数字化转型的逻辑可以理解为，新一代信息技术在政府内部的应用引起了政府管理变革，进而实现政府治理的创新。

从现实角度来看，新一代信息技术支撑的政府数字化转型推动了治理现代化。一方面，政府数字化转型提升了政府治理能力，新一代信息技术对政府行政改革起到了推动作用，政府的数字化改革有助于增强政府决策、政务服务和公共建设等综合能力。另一方面，政府数字化转型推进了政府治理体系的创新。在数字时代，政府治理现代化的关键在于技术和体制的双重推动，而引领政府全方位转型是现代政府数字化转型的应有之义。政府数字化转型不应仅作为赋能政府治理的工具和手段，而应聚焦于政府治理体系的全方位变革和升级。在数字化转型的过程中，由于受到治理结构、激励制度等方面的束缚，政府治理的效能远远追不上信息技术发展的速度。因此，除了运用数字技术为政府治理助力赋能，政府数字化转型更要支持政府治理体制及机制的配套性改革。在政府数字化转型的过程中，技术和制度是一对相互作用力，技术推动制度的变革，制度影响技术发挥的作用和方向。要推动政府数字化转型，就要同时带动政府治理体制及机制的整体性变革。

通过以上分析，政府治理是一个包含多种要素的综合系统，政府通过对新一代信息技术的应用，在变革政府管理的同时推动了政府治理创新，提高了政府的运作效率，更好地满足了治理现代化的需求。因此，在政府数字化转型的更高阶段里，要将重点从政府治理各项能力的提升升级到政府治理体系的整体变革，这是在政府数字化转型达到一定层次所期望的将方式与目标相结合的状态。技术在政府治理现代化中的作用要由"赋予"向"创新"转变，以实现政府治理现代化。要实现政府治理现代化这个目标，既要实现治理观念的转变与创新，又要在治理结构、治理方式等层面上不断推进，实现技术与管理变革的双轮驱动，从而完成政府的整体创新与转型。

2.1.5 新技术特性契合数字政府的价值追求

新一代信息技术在政府的内部办公与政务服务中的应用越来越广泛，各种新型的政府治理模式不断涌现。党的十九届四中全会审议通过的《中共中央关于坚持和完善中国特色社会主义制度 推进国家治理体系和治理能力现代化若干重大问题的决定》中指出，"建立健全运用互联网、大数据、人工智能等技术手段进行行政管理的制度规则"，"推进数字政府建设，加强数据有序共享，依法保护个人信息"。为适应新一代信息技术的发展，政府对技术应用过程中的共享、简化、精准和协同等问题给予了足够的重视。为满足治理现代化的要求，政府数字化转型成为政府治理的必然选择。大数据、人工智能等新一代信息技术具有泛在化、透明性、精准性、智能性等特征，契合了政府对开放、包容、透明、精准、协作和智能等价值的追求。作为多种技术集合的新一代信息技术，在改变政府技术系统的同时，也会产生政府应用后的社会效应，即工具属性与社会属性的叠加。随着新一代信息技术的出现，公民的需求日益多样化，普遍追求政府信息化和电子政务在公共行政秩序、效率和正义等的一般价值。

首先，面对新一代信息技术的发展，政府必须进行数字化转型。在政府信息化与电子政务时期，政府工作人员并未从烦琐的业务流程中抽身，反而强化了其岗位的重要性，这大大阻碍了政府治理能力的进一步提升。新一代信息技术的出现为这些问题的有效解决提供了可能。一方面，在新一代信息技术的支撑下，人类的能力在时间和空间上获得了极大的延展和扩充。政府工作人员依托新一代信息技术的应用，不再将大量时间花费在简单、费时和单一的工作事项上，这样一来，政府的编制数量和机构设置也许将迎来改革，为实现政府组织的数字化转型提供了可能。另一方面，以数据和算法驱动的新一代信息技术具备了一定程度上的自主判断和场景化决策能力。依托大数据、人工智能等新一代信息技术,"一站式服务" 和 "不见面审批" 等治理方式渐成趋势,使政府提供公共服务的效率大幅提升、成本大大缩减。

其次,为满足治理现代化的要求,政府必须进行数字化转型。基于新一代信息技术建设的政务智能处理系统,通过对数据的采集、存储和分析,实现了政府治理能力的不断增强。同时,基于新一代信息技术的智能办公系统将会代替以往的自动办公系统,重构政府办公与政务流程,使政务服务越来越高效、精准和个性化。近年来,政府在应用新一代信息技术的基础上,不断推进 "云办理""一网通" 等规范化管理,推进 "不见面审批" 常态化,助力政府在扶贫、防疫等多个领域的精准决策,全面提高政府的政务服务水平和监督效率。

最后,为应对新一代信息技术对政民关系的影响,政府数字化转型势在必行。新一代信息技术的功能和价值正在政务领域不断突显,基于新一代信息技术建设的政府网站、在线政务服务平台,让政府的办事效率大大提高,如 "浙政钉""粤政易" 等移动办公软件实现了随时随地办公;摄像头、传感器等设备让政府能够更加全面、及时地感知周围环境并发现问题;"秒批"、问答机器人等极大地优化了政府办事流程,改变了政府和社会的互动方式。通过对政府组织的重塑和政府资源的整合,新一代信息技术消解了政府部门之间的分散性、信息资源的碎片化,为重新定位政府职能、重塑政民关系奠定了技术基础。

综上所述,新一代信息技术为政府带来挑战的同时,也带来了机遇。为加入新一代信息技术发展引领的数字潮流,政府必须积极引进大数据和区块链等新一代信息技术,推进数字化转型,使政府治理朝着更加科学、高效的方向发展。

2.2 技术嵌入:新一代信息技术的直接使用

技术嵌入是新一代信息技术支撑政府数字化转型的逻辑起点。物联网、云计算、大数据、区块链、人工智能等技术以多维度的方式嵌入政府应用的静态系统、动态过程及价值评判,为政府数字化转型提供核心动力。

作为一种感知技术,物联网边缘端布置了丰富多样的感知设备,将信息数据化,成为信息计算与处理的素材,完成了物理世界和信息空间的转换;作为一种通信技术,5G 实现了人与物、物与物之间实时、安全、可靠的连接,将互联拓展为 "泛在网";作为一种运维技术,云计算实现了闲置资源的整合,提供了可配置的计算资源共享池;

作为一种数据库技术，大数据实现了各类数据的持续聚合，便于网络数据的快速处理和深度分析；作为一种开发技术，人工智能实现了对人类思维和行为的模拟，提升了处理事务的能力；作为一种应用技术，区块链实现了交易信任的共建，解决了网络信任传递问题。新一代信息技术嵌入政府应用关联如图 2-2 所示。

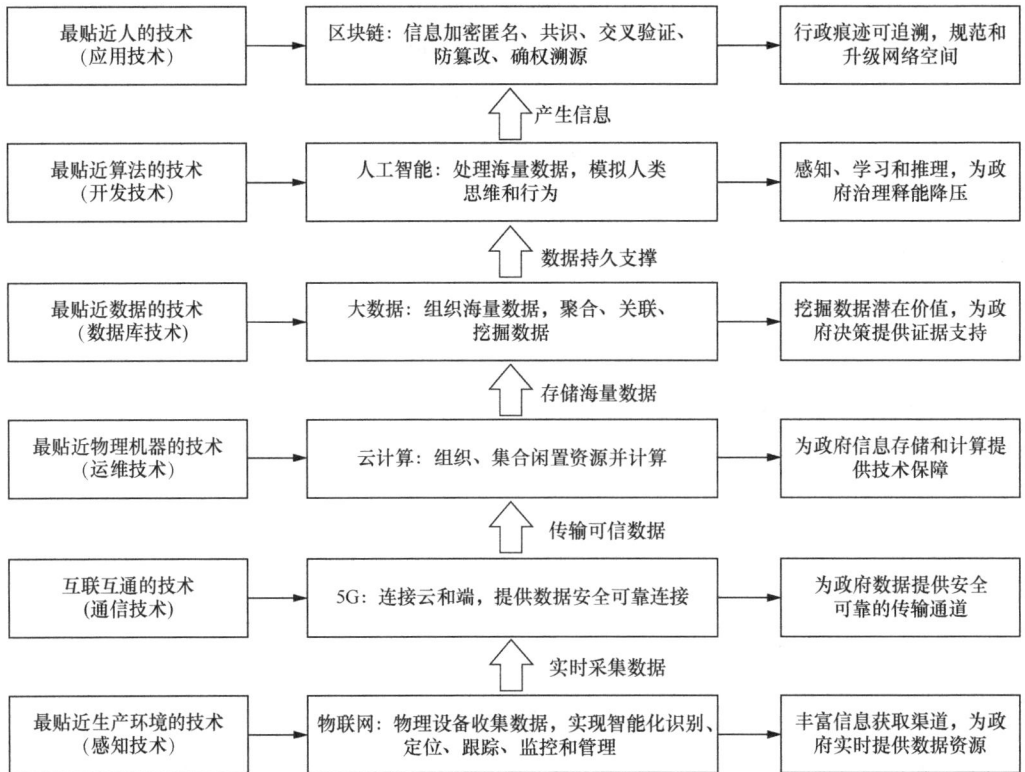

图2-2　新一代信息技术嵌入政府应用关联

从政府对新一代信息技术的运用来看，这些技术为政府数字化转型提供了支撑。以政府、市场和社会为中心，多种新一代信息技术的相互作用和复合性作用，从根本上改变政府运作过程和管理方式。在政府体系和政府能力现代化方面，物联网技术增强了政治、经济和社会行为的场景意识，拓宽了人们获得信息的途径，为政府部门提供了实时数据，从而推动了政府活动的数字化；5G 技术提供了高流量、大连接的传输方式，保障了数字信息高效流转，为政府部门全面和精细地掌握各类信息提供了快捷通道；大数据技术汇聚了相关数据，通过对相关数据挖掘、分析，寻找关键信息，获取潜在价值，为政府决策提供证据支撑，促使政府决策更加精确；云计算技术能够有效地整合现有的闲置资源，为政府部门的数据存储与计算提供技术支持，使政府活动更具便利性；区块链技术可以对互联网进行标准化和更新，确保所有的数据可审核、可追溯、身份不易被篡改、记录共享且不易更改，从而为降低交易费用、推动政府的透明化奠定基础；人工智能技术通过模仿人类的思想和行动，独立完成感知、学习、推理等任务，减轻了政府的压力，从而实现高效的政府治理。新一代信息技术相互支撑，共同迭代升级，它们的嵌入为政府数字化转型提供了连接、整合数据和平台的技术支撑。

2.2.1 云计算技术的嵌入

在嵌入政府应用的过程中，云计算技术为数字政府建设带来了全新的计算模式和基础架构。通过建立由政府云基础设施层、政府云资源池层、政府云数据库层、政府云平台层和政府云服务层等组成的"政务云"，实现了统一规划、建设、管理和使用。政务云是云服务在政府领域的具体应用，它运用云计算技术，为政府机构提供基础设施、支撑软件、应用功能、信息资源、运行保障和信息安全等综合性数字政府服务，其目的在于提高政府的公共服务水平和社会管理能力。我国政府采取矩阵式的管理模式，即地方政府和垂直行业部门共同拥有管理权限。

根据牵头单位的不同，政务云可划分为综合政务云和行业政务云两类，如图 2-3 所示。综合政务云由地方政府（通常为通信管理局）牵头，用于承载政府的各项公共服务；行业政务云由公安、税务、海关、人社等行业主管部门投资建设，具有明显的行业属性，满足各委办局进行社会管理的办公需求。综合政务云与行业政务云之间并非相互独立，由于两者之间的数据存在交叉互通，为避免重复建设，部分地区存在由综合政务云统筹地方委办局需求的情况。

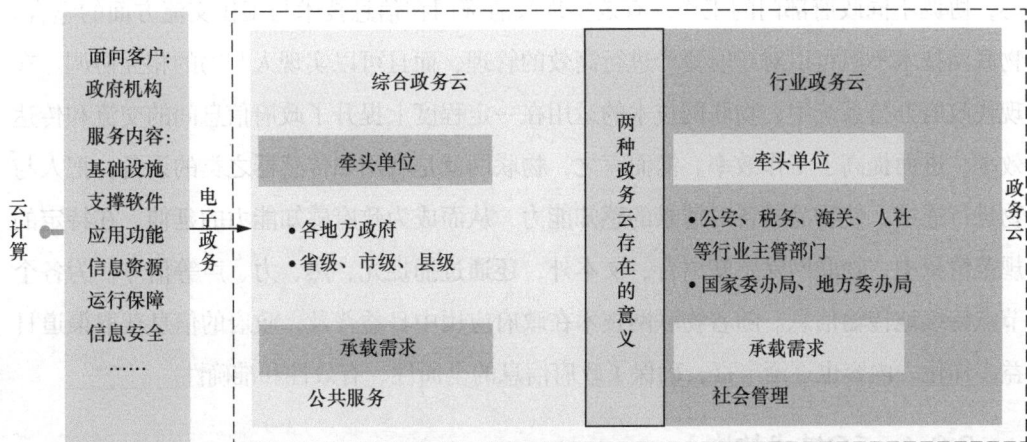

图2-3　政务云的类型

2.2.2　大数据技术的嵌入

2017 年 12 月，习近平总书记在十九届中共中央政治局第二次集体学习中强调，"要建立健全大数据辅助科学决策和社会治理的机制，推进政府管理和社会治理模式创新，实现政府决策科学化、社会治理精准化、公共服务高效化"。2022 年 9 月 13 日，国务院办公厅印发《全国一体化政务大数据体系建设指南》，要求各地区各部门深入贯彻落实党中央、国务院关于加强数字政府建设、加快推进全国一体化政务大数据体系建设的决策部署，按照建设指南要求，加强数据汇聚融合、共享开放和开发利用，促进数据依法有序流动，结合实际统筹推动本地区本部门政务数据平台建设，积极开展政务大数据体系相关体制机制和应用服务创新，增强数字政府效能，营造良好数字生态，不断提高政府管理水平和服务效能，为推进国家治理体系和治理能力现代化提供有力支撑。

大数据在政府管理变革和治理创新中的作用显而易见。大数据主要拥有 5 个方面的能力，即数据获取、管理、分析、重组和预测。大数据技术广泛应用于公共安全管理，其嵌入丰富了政府的场景应用、公共交通等领域。一方面，政府是公共服务的供给主体，它可以对多源、异构、动态、碎片化、低质化的数据进行计算和分析，探寻数据的关键信息，建立起数字化政府服务知识图谱，从而提高公共服务的质量。另一方面，政府是数据治理的主体，它利用新一代信息技术对政府数据进行分析和挖掘，以解决数据处理过程中各种复杂的问题。

2.2.3　物联网技术的嵌入

物联网技术应用的范围非常广泛，它通过大量的计算机设备，以网络通信技术为核心，协调不同政府部门的工作，有效实现政府部门在信息技术与工作交流方面的整合。物联网技术不但可以对政府资产进行高效的管理，而且可以实现人与物的相互协调。在现代政府办公系统中，物联网技术的运用在一定程度上提升了政府信息间的交流和传达效率，进而提高了工作效率。简而言之，物联网就是利用如传感器之类的设备，把人与物进行连接，使物品具备对情景的感知能力，从而成为政府感知能力的延伸。在特定的规范情景中，物联网除感知语音、文本外，还通过捕捉光、热、力、声等信号，为各个节点持续地传输信息。随着物联网技术在政府应用中日益普及，政府的信息获取渠道日益多样化，内容也逐渐丰富，确保了政府信息的全面性、有效性和准确性。

2.2.4　5G 技术的嵌入

5G 技术在推动数字政府建设的过程中起着至关重要的作用。5G 技术使政府数据采集更全面、便捷，5G 网络具备每平方千米连接百万台设备的能力，可实现全域终端的大规模数据采集。视频监控是政府数据采集中应用最广泛的方式，"5G+ 超高清"的视频监控使图像更为清晰、画面更加流畅，可实时将城市运行的各种数据（如交通实况、人员流动、项目建设进程等）上传至政府数据中心，并可配合大数据与人工智能实现对人脸、行为、特殊物品、车辆等的精确识别。公安部门的"天网"工程、"雪亮"工程、"平安城市"工程等城市监控项目安装了大量的视频监控设备，这些设备都与指挥中心的大数据平台相连接。5G 技术的大带宽、高速率解决了高清视频监控在联网、传输、应用方面的问题。基于行业对 5G 技术的需求，5G 在政府行业的应用案例如表 2-1 所示，涉及交通、安防、环保、医疗、教育 5 个行业。

表2-1　5G在政府行业的应用案例

行　业	应用案例
5G 智慧交通	中国铁路西安局上传与存储 5G 监控数据，广深港高铁打造 5G 智慧车站，沈阳市利用 5G 和无人机技术实现远程航线规划与自动化飞行管理，成都市城市管委会运用 5G + 云网 + AI 智慧加强道路监控，河北雄安新区完成 5G 远程无人驾驶测试，郑州市开通 5G 无人驾驶公交线路。以成都市二环高架部分区域和匝道监控为例，成都市通过 5G 移动通信技术实时监控该区域积水、病害等问题，实现 7 × 24 小时视频监控、智能 AI 分析、精准定位，实现全局可视化灵活高效管理及定向预警
5G 智慧安防	河北省张家口冬奥会实现应急智慧安保集成与应用示范，安徽省合肥市开展城市生命线安全巡检，江苏省提升监控视频质量，5G 助力浙江消防总队探索智慧消防应用，5G + X 打造深圳立体巡防智慧派出所。以江苏省为例，运用融合 PE 设备、IP 数据包网络传输、智能终端接收等技术，将视频、音频、图像、控制信号数字化、网络化，有助于安防人员快速精准地锁定目标对象
5G 智慧环保	河北雄安新区打造 5G 环保卫士检测空气及周围环境，江西国际移动物联网博览会实现 5G 餐饮监测，成都市温江区通过环保监测平台实时监测环境指标变化，安徽省合肥市推出 5G 智能尾气排放监测系统。以成都市温江区 5G 智慧环保监测为例，通过 5G 可移动监测系统，将传感器放置到不同施工环境进行实时监测和评估；利用安全环保预警一体化平台，实时监控污染物来源、路径；监测治污的设备用电负荷功耗状态，间接识别企业排污治污情况
5G 智慧医疗	北京积水潭医院试行 5G 远程手术，湖北协和医院推出 5G 远程手术指导，上海仁济医院实现 5G 智慧医疗机器人。以远程医疗为例，医院运用医疗机器人、智能医疗器械及终端、工业硬件等设备，借助 5G 网络、MEC、VR / AR、视觉技术、区块链、物联网等，采集、分析、处理、传输、存储多路医疗数据，实现多向会诊、直播、转播，节省患者就诊时间，利于医院和患者把握最佳诊疗时机，降低医疗成本
5G 智慧教育	浙江公路技师学校开展 5G 云服务 + 数字职教；清华大学利用 5G + MEC + AI 开展迎新活动；西北工业大学推出 5G + 远程支教；中央党校（国家行政学院）与中国电信深圳合作，提供 5G 物联网等技术服务，以支持学校信息化管理。以 5G + 4K 远程互动教学为例，运用云端中心平台、边缘计算服务节点、虚拟现实终端、移动终端，借助 5G 网络、4K 技术、MCU 技术、编解码技术，实现大规模在线互动学习，通过沉浸式与个性化教学，提高学生学习的兴趣和效率

2.2.5　区块链技术的嵌入

方兴未艾的区块链技术正从金融领域拓展到社会领域，为政府创新带来了新的机遇。区块链技术与政府治理的契合度主要体现在去中心化的程度、数据共享、智能治理和数据安全等方面，为解决信息不对称产生的逆向选择和完善激励模式等传统管理难题提供了新的路径。

区块链可以创建一个去中心化的身份管理系统，允许用户安全地存储和分享个人信息，同时保护隐私。政府可以利用这个系统进行身份验证和授权，简化服务的获取过程。区块链可以提供一个安全、可靠且去中心化的记录存储系统，用于管理土地登记、出生和死亡证明、教育和职业资格等信息，从而降低纸质记录的维护成本，加快信息检索速度并提高数据的安全性。政府可以使用区块链技术追踪公共采购和供应链，确保产品来源和质量的可追溯性，提高政府采购过程的透明度，减少腐败和滥用公共资金的可能性。区块链可以创建一个透明、可审计的财务管理系统，确保政府资金的正确使用。此外，区块链还可以简化税收征收和报告过程，提高税收效率和合规性。

当面临海量、异构的数据与数据壁垒时，区块链不易篡改和全历史数据记录模式为政府在解决数据处理过程中的真实、安全和开放等问题提供了有力支持。毋庸置疑，区块链为推动政府由科层制向扁平化转型提供了颠覆式的技术范式，契合了政府数字化转型深入发展的需求。

2.2.6　人工智能技术的嵌入

人工智能技术在资源丰富、共识达成、回应充分等方面为政府治理的现代化不断助力赋能。政府可以利用人工智能技术来分析和处理大量的数据，以更好地了解社会、经济和环境问题，并制定更有效的政策和措施。

人工智能技术可以帮助政府更好地与公民和社区互动，以便更好地了解他们的需求和意见，有助于政府与公民之间建立更紧密的联系，达成共识。政府可以利用人工智能技术更快速地回应公众的需求和紧急情况，如灾难响应和紧急医疗援助，有助于政府更好地保护公民的生命和财产安全。政府可以利用人工智能技术更好地了解社会和市场趋势，以便更好地制定政策和规划，促进经济发展和社会进步。同时，人工智能技术还可以用于监督政府行为，保证政府工作公正、透明和负责任。

2.2.7　数字孪生技术的嵌入

数字孪生技术在推动政府治理现代化方面发挥着重要作用。政府可以利用数字孪生技术来建立城市的数字孪生模型，以便更好地规划和管理城市。例如，政府可以使用数字孪生技术来模拟城市的交通流量，以优化交通系统、减少交通拥堵。政府可以利用数字孪生技术来建立环境的数字孪生模型，以便更好地监测和保护环境。例如，政府可以使用数字孪生技术来模拟大气和水质污染的传播和影响，以便更好地制定环境保护政策和措施。政府可以利用数字孪生技术来建立公共设施的数字孪生模型，以便更好地维护和管理这些设施。例如，政府可以使用数字孪生技术来监测道路、桥梁和管道等公共设施的状况，以便及时修复和维护这些设施。政府可以利用数字孪生技术来建立各种数字孪生模型，以便更好地分析和预测社会、经济和环境问题，为政府决策提供支持。例如，政府可以使用数字孪生技术来模拟市场的供需关系，以便更好地制定经济政策，促进经济发展。

技术传导是新一代信息技术支撑政府数字化转型的核心环节。技术不仅是社会变迁的推动者，还是组织变化的催化剂。因此，借助"传导"来解释技术在政府管理变革的作用。借鉴物理学中对传导的定义，新一代信息技术的变革作用由微观技术嵌入向中观政府管理层面转化的过程叫作技术传导，它发生于政府管理结构内部，即新一代信息技术依托传导机制向政府管理系统传播和移植的过程。技术从政府体系的外部向内部进行移植，必然会破坏现有政府管理系统的平衡，从而产生传导效应，使原本稳定的政府系统受到冲击。有学者指出，"技术传导机制是技术传导的动力因素、传导路径、影响因素和传导效应的有机结合。"结合这一理论，我们可以从技术传导的传导动力、传导路径、传导效应 3 个方面来考察新一代信息技术对政府数字化转型的支撑作用。

结合新公共管理理论可知，为提升管理效率，政府积极引入先进的管理手段和工具来改进工作方式、提升办事效率。新一代信息技术所具有的连接、整合、数据、平台等要素与特性，能够满足政府对信息资源共享、组织部门精简、政务服务精准和部门协同办公的管理需求。因此，新一代信息技术以特定的互联互通、整合重构、数据驱动、平台支撑的传导路径从政府外部向内部移植，发生传导效应，即政府管理变革。新一代信息技术支撑政府数字化转型的传导机制如图 2-4 所示。

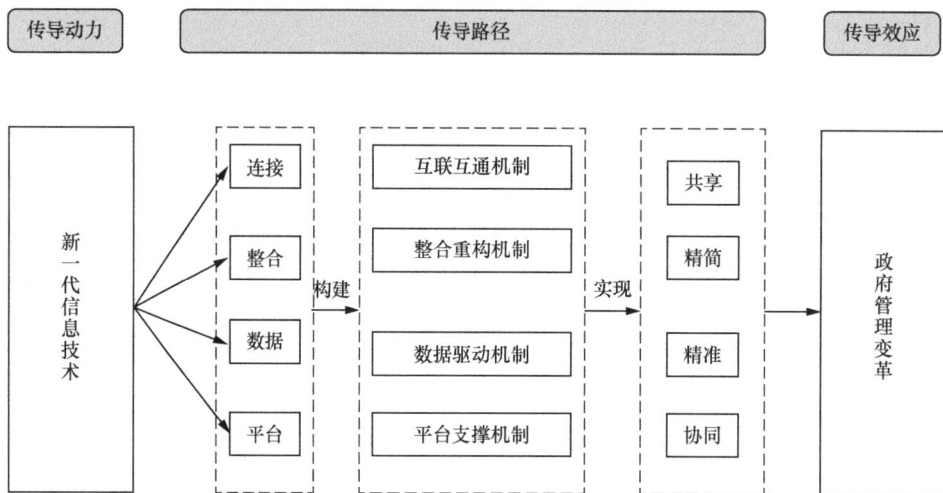

图2-4 新一代信息技术支撑政府数字化转型的传导机制

2.3 技术融合：新一代信息技术驱动政府管理变革

2.3.1 以"连接"促"共享"的互联互通机制

随着新一代信息技术的迅速发展，万物互连成为可能。回顾信息技术的发展历程，经历了数十年信息网络的发展，人与人、人与计算机、计算机与计算机之间的互动关系愈加紧密，物联网和人工智能等新一代信息技术的发展使连接从计算机与计算机拓展到人、物与计算机，物与物、物与人、物与计算机之间建立联系。各种数据的采集可以通过体积小、成本低的传感器轻松实现，高速的5G网络通信技术使数据的传输变得快捷和可靠；人工智能技术的应用使人类能够揭示事物之间难以轻易发现的关系。一个整体感知、可靠传输和智能处理的万物互联互通时代已然到来。新一代信息技术的"连接"特性使人、物、数据、设备和应用等一切可数字化的事物在"互联"的基础上，通过数字化的方式呈现出来，实现"互通"；通过互联互通的传导路径实现政府信息资源的共享，包括政府内部之间信息资源的共享、与外部社会信息资源的共享。

1. 互联互通驱动政府内部信息资源共享

随着新一代信息技术的发展，尤其是大数据分析技术的成熟、人工智能技术的不断创新及物联网设备的普及等，万物之间的联系和渗透不断增强。在政府内部，新一代信息技术"连接"的特征使不同层级、不同部门、不同区域的政府紧密联系在一起，实现了政府内部信息和数据等资源的共享。高效收集有效信息并对其进行准确分析是新一代信息技术的显著特点，为解决当前我国政府部门之间资源匮乏、信息不通的问题奠定了技术基底。在不同的政府部门之间，信息传递的距离较远，流程复杂，可能造成信息丢失和信息截断，将原本全面和完整的信息泄露出去，变成碎片化的零散状态，导致政府的判断和决策发生偏差，从而给政府管理带来负面的冲击。因此，解决这些问题的重点在于重构信息传递的渠道，优化信息传递的路径，从而实现政府的信息互通和数字化管理。新一代信息技术可将碎片化、零散化的信息进行有效恢复和融合，解决了因信息差和错误的信息重构带来的治理风险和危机；新一代信息技术将零散的数据以统一的标准融入统一的规范中，恢复完整可用的信息，为日益复杂的政府治理奠定了数据基础；新一代信息技术的灵活联结，可以消除各部门之间、部门与群众之间的信息差，建立信息协作的基础，完善政府的信息治理系统。例如，人工智能技术通过数据整合、快速分析、精确匹配等功能，可以有效化解信息纵向传递过程中出现的信息损失与横向传递时的信息截流，有效解决政府之间信息不对称和信息资源分散的问题。在新一代信息技术的助力下，信息资源实现了跨层级、跨部门、跨区域的共享，降低了部门之间的协同与沟通成本，为政府实现协同办公准备了技术条件。

2. 互联互通驱动政府外部信息资源共享

在万物互联的数字时代，去中心化和自发组织的时代特征使每个人、每个组织都成为万物互联的一个节点。新一代信息技术"连接"的特征除了使政府内部信息资源互联互通，还驱动了政府的外部主体，即政府与企业、公众之间的信息资源共享。在以信息作为纽带的时代，新一代信息技术的发展使传统的实体空间被划分成更加细致和精准的虚拟与实体空间。由于人类交际形式的变化，人们的社会关系和生活行为模式也随之发生变化，这些变化相互耦合，最终决定了社会组织形态和空间组织方式，特别是物联网和大数据技术的应用，使政府、企业和公众之间的相互感知、互联互通成为可能。用户不仅可以随时随地获取物体的数据信息，还可以实时接收、发送和分析信息，并通过智能处理数据信息得到的分析结果来对联网对象进行控制。这样的连接方式使政府、社会与公众的联系更加紧密，社会成为一个有黏合力的共同体。为了适应政府、企业和公众等各个主体间互相联系的时代趋势，要将利益当作媒介，让政府、社会和市场等主体联系起来，形成一个真正彼此需要、彼此合作和依赖的共同体。总而言之，新一代信息技术的"连接"特性打破了以前的零散、割裂的状态，使政府、社会和民众可以进行有效沟通、互动和协作，实现信息资源的共享，为构建共建、共商、共享的社会新格局打好了信息资源基础。

2.3.2 以"整合"促"精简"的整合重构机制

新一代信息技术能够有效地整合各种资源，大多数的过程不需要人工干预，它们根据预先设置的参数自动运行，大大降低了人类的主观意识和局限性。新一代信息技术的"整合"特性使组织、数据和应用等一切可数字化的事物在"重构"的基础上，通过数字化平台实现"精简"，即通过整合重构的传导路径实现政府组织的精简和政务流程的精简。

1. 整合重构支撑政府组织精简

当下，新一代信息技术通过整合功能传导至政府部门，对政府组织结构进行了重塑。一方面，政府组织的规模变得更为精简。随着人工智能和区块链等新一代信息技术的不断发展和深度应用，政府部门的信息处理水平不断提高。政府管理者可以通过扩大行政职能范围、减少行政职能分工，实现组织规模的优化。其最直观的体现就是新一代信息技术改变了传统的多层次、流程化、固定化、耗时长的办事模式，在很大程度上降低了政府的人力和时间成本，并将各部门间原先独立的数据利用信息管理技术连接起来。同时，新一代信息技术在政府组织内部的应用使数据流通和共享更加快捷、全面，工作流程更加简单、灵活，精简了纵向层级的组织数量。新一代信息技术支撑的政府管理变革，实质上是新一代信息技术推进政府行政系统改革的成果之一，也是新一代信息技术本身具有传播性和移植性的体现。新一代信息技术从政府系统外部影响至系统内部，必然会对政府系统原先稳定、平衡的传统组织结构带来巨大冲击，这对政府而言是一项挑战，但同时也推进了政府组织的变革。例如，上海市在推进政府数字化转型的进程中，把"一网通办"作为组织变革的试验田，在压缩纵向组织层级数量的同时扩展了横向组织的职能范围，使政府突破了部门和机构的"碎片化"，实现了政府组织的"一体化"和"精简化"。另外，政府引入新一代信息技术促进了组织的扁平化。在大数据环境中，政府组织的扁平化发展趋势缩减了政府管理的层级，扩大了政府管理的范围，这种精简的政府组织结构确保了快速且准确的信息传递，既能减少信息传输中的信息泄露，又有利于政府及时接收信息，并对此做出快速回应。此外，政府利用大数据技术建立的数据平台，实现了数据共建与共享，改变了传统部门之间的组织模式，推进了各部门和机构之间的良性互动和交流合作。

2. 整合重构驱动政务流程精简

政府积极运用大数据、物联网等新一代信息技术对政务流程和业务环节进行重塑和再造，使政务流程更加精简。政府从分析、诊断现行的业务流程入手，在逐步消除流程壁垒的基础上，运用新一代信息技术对零散杂乱的程序进行重新组合和分配，使之能够更好地适应现代化政务流程的电子化和智能化趋势，从而加快了政府线上处理企业和公众业务的速度，减少政府不必要的财务开支。首先，大数据技术可以对以往办理次数高、数量大、群众需求大的案件进行全面的梳理，为政府在推进过程中整理出各项工作的轻重缓急。例如，通过设立办事监督制度，政府能够对办事窗口的排队人数、叫号速度等进行即时监控，随时掌握窗口的处理进度，并适时地对窗口的设立做出相应的调整。其次，政府运用云计算的在线运算和综合分析等功能，能够得到关于政务服务办事流程的简化结果，并根据实际情况不断调整优化。再次，通过运用新一代信息技术，政府在确定改革的轻重缓急方面更加精准，在建设业务共享服务平台时更加科学，在各部门之间数据和信息交流时更加及时，从而使政府的各项资源得到最大化地利用。最后，政府通过运用新一代信息技术，可以快速、精准地把握数字化改革中的重点，对政务服务流程进行科学规划，提升政府的行政效能和公众的满意度。最后，以建立在线政务平台与线下政务服务中心为依托，政府利用数据共享功能，使政务流程再造工作可以持续开展。例如，万物互联的新一代信息技术帮助政府各部门之间的协作能力显著提升，实现了在线"并联审批"。在传统的行政事务处理中，政府组织结构联系不强，导致政府办事效率低，公众排队等候时间较长。新一代信息技术使审批程序得以重构，加快了审批的进程，政府的工作效率得到了进一步的提升，实现了政务流程的精简化。

2.3.3 以"数据"促"精准"的数据驱动机制

进入大数据时代，社会中一切的现象、活动、行为都可以用数据来表示，且都需要以数据作为支撑和保障。数据正在以指数增长的速度增加，成为政府能够更高效地满足用户需求的重要基础和进行数字化的前提，由此可见，数据已成为政府重要的战略资源与资本。所谓"数据驱动"，就是要使组织运转和生产制造的全部流程和周期中的数据自动流动，并让资源配置不断优化，进而达到成本更低、交付更快、品质更高、用户更满意的效果，最终提高组织的运转效率。数据驱动机制以获取和传递数据中所蕴含的信息为基本目标，借用网络化的数据载体，实现对数据从收集、清理、分析、存储、应用的全过程管理。新一代信息技术的"数据"特性使人、物等一切事物可以通过数字化以虚拟方式呈现出来，通过数据驱动的传导路径实现政府管理的"精准"变革，主要包括政府决策精准和政务服务精准。

1. 数据驱动政府决策精准

当前，大数据已经成为公众认识问题、解决问题的重要信息来源和决策依据。新一代信息技术的出现为政府采集和处理复杂的公共数据资源提供了有力的支撑，其对数据进行极速分析并科学建模的强大功能，使政府决策者面对问题时能够拥有更广阔的视野和更全面的判断。

从决策的阶段和过程来看，数据驱动政府决策精准主要体现在以下几个方面。首先，在数据赋能政府事前决策阶段，大数据技术和物联网技术为科学决策提供了坚实且全方位的数据基础；人工智能技术为科学决策提供了高效且精准的技术基础，其在海量的数据中挖掘关键的信息并学习人类的思考方式做出判断。这些技术的应用保证了决策的全面性，有效把握了事物的发展规律和方向，避免了经验决策，为政府高效、精准决策保驾护航。其次，在数据赋能政府执行决策阶段，政府利用大数据处理技术，对政务服务的各个环节进行跟踪、监测，可以及时地发现并解决问题，从而提升决策的效率，避免严重的后果。同时，政府在决策执行阶段将数据开放并共享，使社会其他组织和公众都可以参与政策制定的全过程，逐步助力构建一个开放透明、全民监督的政府。最后，在数据赋能政府事后决策和反馈阶段，大数据可以帮助政府对其决策效果进行评估，改进决策流程，优化决策结果，并使决策流程不断公开化、透明化，防止政府权力滥用和谋私腐败等危害社会的行为发生。以此观之，新一代信息技术的"数据"特征通过数据驱动的传导机制，赋予政府决策实现精准化的变革。

2. 数据驱动政务服务精准

新一代信息技术的飞速发展及其在政府的深度应用提高了数据的价值供给，为政府提供个性化、一对一的政务服务创造了条件。公民和企业使用的政务服务平台通过大数据、云计算技术拥有了容纳海量数据和分析用户画像等功能，政府可以精准收集与定位公民和企业的需求，根据公众个性化、多样化的需求和特点，定制个性化服务。

通过海量的数据，政府对公众的使用习惯和意向进行深度的剖析，是实现个性化、精准化和精细化服务的前提。政府利用新一代信息技术，通过手机移动端和互联网社交平台等多元化的渠道满足用户多方面的综合性需求，使用户可以随时随地进行沟通并享受综合集成性的服务。依靠云计算、人工智能等数据分析技术，分析公众过去的行为，从而为政府提供有价值的用户信息，同时，这些信息也成为政府制定公共决策的重要依据，实现从"为所有人而做"向"为你而做"的转变。随着新一代信息技术的发展和应用，公民和企业的体验场景由单纯的现实场景拓展至虚拟场景，呈现出丰富的用户体验。因此，用户对政务服务和产品的价值诉求出现显著的差别。在当前数字化的环境中，政府可以依据政务产品性能的不同进行准确的划分，通过大数据平台收集用户画像，按照用户的需求进行组合，制定特定人群的个性化政务服务，在提升行政效能的基础上，使公众对政务服务的多元化要求也得到充分的满足。

2.3.4　以"平台"促"协同"的平台支撑机制

新一代信息技术的飞速发展，使"平台"这个概念在我们的生活中变得日益普遍。通俗来讲，平台是指组织运用现代计算机和网络技术搭建的虚拟空间，组织能够将自己的管理和服务等职能迁移至线上，连接多个参与主体，以实现信息资源汇聚整合、产品和知识交易等功能。随后，"平台"被逐步引入政府管理领域。

近年来，随着数据逐渐成为战略资源及数字政府的发展基础，越来越多的政府部门开始将改革重点转向在线办事服务平台，推动了"政府即平台"的出现并使其成为全球数字政府建设的主流趋势。政府通过新一代信息技术、政务标准体系、政务数据接口和政务服务平台建立了"政府即平台"数字系统，其基本架构如图 2-5 所示。该系统包括面向最终用户的互动服务平台、面向系统开发管理者的应用组装平台、面向业务流程的数据共享平台，即公共数据平台、政务服务平台、协同办公平台、政务中台等，实现了各个层次的整合，打破了各级政府部门之间及政府和社会的交流壁垒，实现跨地区、跨部门、跨层级的协同工作。新一代信息技术打造的政府平台，通过平台支撑的传导机制，一方面实现了高效协同办公，另一方面实现了线上线下的政务协同。

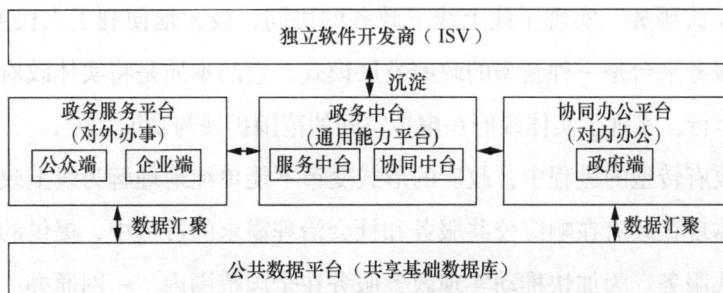

图2-5　"政府即平台"数字系统的基本架构

1. 平台支撑政府协同办公

新一代信息技术的高速发展促进了政府数字化平台的诞生和升级，尤其是基于云计算和大数据等新一代信息技术建设的政务协同办公平台，为不同区域、不同部门和不同层级的政府协作办公提供了新机遇。

传统的政府保持着以专业分工、职能分置为基础的科层制体制，在面对复杂的公共问题时，普遍存在着碎片化问题，因此政府间的合作协同显得尤为重要。新一代信息技术集成搭建的政府平台系统通过信息链条将数据、服务、技术和人员结合在一起，极大地推动了不同部门间的信息交流和共享，解决了信息资源分散、信息不对称等问题。通过协同办公平台，政府内部实现了"最多跑一次"的目标，大大提高了协同办公的水平和效率。

一方面，基于新一代信息技术建立的协同办公平台具备了移动工作台、即时消息传达、便捷文件管理、政务通讯录及视频会议等核心功能，助力政府服务决策、服务执行和服务监督。另一方面，公众通过互联网对政府实时监管，政府组织结构更加扁平，打破了政府层级及部门之间的隔阂，这为部门之间的交流和合作清除了障碍，加强了政府各机构之间数据和信息的开放与流动，使政府横向和纵向机构间的有机联系和协同合作成为常态，共同助力政务服务提质增效。总的来说，协同办公平台和数据共享平台集中于跨层级、跨区域、跨业务、跨系统及跨部门之间的协作，突破了政府组织间的障碍，促使政府部门之间及时、高效地分享信息资源，部门间、地区间的协调方式更加透明，在提升政府办公效率的同时，提高了政府的沟通能力和协同办公能力。

2. 平台支撑线上线下政务协同

除了实现政府部门间的协同工作，政府数字化平台还依托政府网站向公众提供了一体化、一站式服务，实现了线上线下政务的协同，极大地便利了人民群众的生产、生活。政务服务平台是一种新型的政府发展模式，它的本质是将实体政府的线下职能转移到线上运行，实现了实体政府在虚拟空间的范围扩展与功能加强。

在数字政府转型的进程中，政府的形式变革不能单纯地理解为线上政府与虚拟政府，更多地体现在政府在响应公共服务和社会治理需求的过程中，提供的线上和线下整合的一站式服务。为加快推动实现政务服务在全国范围内"一网通办、异地可办"，推动政务服务的数字化转型，公众可以利用中国政府网站登录全国一体化平台。通过国家统一的政务平台，个人和企业能够实现直接在全国各地区、各部门办理政务服务，主要包括公积金、社保、医保等民生领域的服务查询和办理。当前，我国的政府信息系统已经实现了 PC 端、App、微信小程序、支付宝小程序及百度小程序的全部覆盖。截至 2023 年 12 月，全国一体化政务服务平台使用规模超过 888 亿人次，平均月活用户量超 2000 万，92.5% 的省级行政许可事项实现网上受理和"最多跑一次"，促进政务服务由"能办""好办"向"高效办成"转变。各地区、各部门深入推进政务服务"一网通办""跨省通办"，形成"PC 端、App、小程序、终端机"一体的服务联动模式，实现线上线下服务渠道流量聚合。电子证照共享服务体系持续优化，已汇聚全国 31 个地区和 26 个国务院部门 58 亿条目录，累计提供电子证照共享服务 97 亿余次，持续推动"减证便民"。全面推行数字化电子发票，累计开具 22.62 亿张，覆盖 4600 多万户纳税人。通过政务服务平台的使用，政府在数字化环境下实现了线上线下的有效互联和相互支撑，线上公共事务的处理推动了线下政府的职能整合，平台智能化的高效运作方式实现了政府线上线下的融合和衔接，整体上提升了行政效能。

2.4　技术赋能：从政府管理变革到政府治理创新的升维

技术赋能推动政府从管理变革到治理创新，是新一代信息技术支撑的政府数字化转型的宗旨。结合技术治理的理论内涵与治理现代化的现实意义，我国政府数字化转型是一个在技术现实和治理理论两个层面不断交织迭代的升级过程。新一代信息技术的发展从支撑政府管理变革实现效率的提升，再到推动政府治理创新的整体转型，体现了从量变到质变的持续升级迭代。新一代信息技术支撑政府管理变革为治理创新准备了条件，下面将从治理理念创新、治理结构创新和治理方式创新 3 个方面论述政府整体转型的实现。

2.4.1　治理理念创新：从传统管理到数字治理

理念是人类对事物的看法、思想、观念等一系列思维活动的产物，是人类认知从表面到理性的提升，也是指导人类行为的基本价值观。新一代信息技术作为技术逻辑不断嵌入政府治理体系，治理理念作为引领治理体系的方向和目标，其创新首先体现在政府治理理念上。数字治理理念是大数据时代政府治理理念的主要方向，是新一代信息技术对政府治理理念创新的直接体现。进入被新一代信息技术重塑的数字时代，连接、整合、数据、平台等特性颠覆了政府传统的管理理念，使政府治理理念获得了极大的拓展和创新，传统的管理理念慢慢转变为基于新一代信息技术的"数字治理"理念。

新一代信息技术的发展，在技术层面完善、优化了政府的办公系统，使政府治理的理念开始不断转变。在党的十九届四中全会上，国家在生产要素队伍中将"数据"列为其中的新成员。这是因为数据逐渐成为一种生产力，有助于充分利用信息资源的优势，使更多要素和资源集中起来，更好地调动各种不同的社会力量。结合人工智能算法从海量的数据中处理、分析、挖掘关键信息，大数据"大"的特点加快了政府信息系统对数据的处理和分析，增强了政府信息系统的技术基础。与以往只能分析少量、片面的数据样本不同，政府现在可以获取到与事物直接或者间接相关的数据；与以往追求单一性不同，政府现在更乐于接受多样性；与以往通过人为寻找事物因果关系不同，政府现在更擅长利用数字化辅助工具来探索事物的内在联系。由此，从原来"小样本推断因果"的理念慢慢转变为"大数据技术探究相关性"的智能化理念。

随着政府组织间权力关系和功能定位的改变，传统的统治思维和管制思维在当下已经不再适用。政府需要主动将群众的需求作为治理的出发点，摒弃管制思维，采取数字治理理念，在信任社会承载事务能力的基础上，运用系统、全面和数字化的思维方式，提升公共服务的供给效率，并通过增强组织间互相约束的力量达到监管的目的。新一代信息技术推动了从"人际交互"到"万物交互"的转变，重建了政府治理场景。随着新一代信息技术的不断更新迭代和深度应用，政府内部运行体系和方式发生变化的同时，也影响了政府的外部环境，智能化场景如政务机器人、无人驾驶、虚拟现实等不断拓展，成为政府治理所面临的新挑战和新考验。

2.4.2 治理结构创新：从单向管理到多元共治

进入新时代，人工智能、物联网等新一代信息技术逐渐渗透政府系统，在治理理念创新的基础上，政府职能部门的界限被重新界定，政府机构被重新组织，治理主体也趋向多元化，这共同促使政府从单一主体管理转向多元主体共同治理。由于新一代信息化技术的引入，我国政府治理结构发生了从单一、集中的形式向精简的结构转变。政府从"塔式治理结构"的主导角色向政府、企业、社会、公民4者协同的"环式治理结构"转变，如图2-6所示。

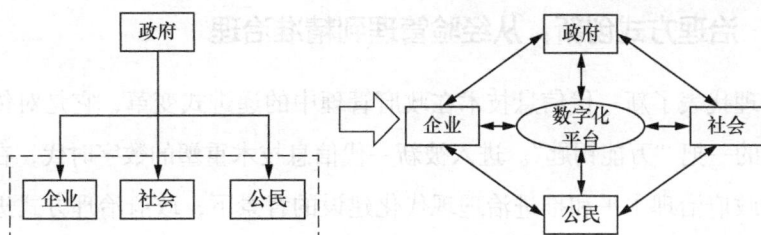

图2-6　政府治理结构的转变

在我国传统的政府组织结构中，政府作为行使治理权力的最大主体，掌握着大部分的公共数据和信息资源，并负责判断、解决社会问题，而社会等其他治理主体参与度较低、协作意愿不足，导致政府承受的压力越来越重，工作效率也难以提升。在市场经济快速发展、社会进步和新一代信息技术迅猛发展的背景下，原先"一家独大"的政府权力逐渐向市场、社会和公众方向转移。公民可以利用多元渠道带来的便利，打破时空的束缚，与政府建立广泛、深度的联系和互动。通过社会互动交流平台和网络移动终端，每个人都可以表达自己的观点和建议，对政府的决策和行动产生影响。由此一来，经济市场化的进步、第三方组织的兴起和公众参与热情的高涨，使一个由多元主体共同参与社会治理的新局面正在迅速形成并发展壮大。例如，人工智能的快速发展使其成为政府治理的一名"智能专家"，它能更快、更准地捕捉到公众的数据和信息，并通过分析和建模设计出一套智能化的解决方案供决策者参考。

与此同时，政府积极与拥有智能专利技术的企业进行合作，将治理主体扩展到社会其他组织。当今时代，数字化技术不断地冲击原有政府主体间的权力平衡，使各主体权力和力量逐渐达到一种均衡与稳定的关系。同时，具有高效、全面和及时特性的新一代信息技术使各个治理主体之间的沟通和交流得以优化，信息和资源能够随时随地共享。新一代信息技术（如大数据）等与微博、微信等新媒介的深入结合，突破了时空的局限，丰富了民众的参与途径，实现了与民众的沟通与互动。因此，政府可以利用官方微博与社会各界进行面对面的沟通与交流，充分掌握民众的需求，并做出快速、准确的响应，促进多种社会力量共同治理的格局形成，实现在数据整合的基础上构成线上线下融合、跨部门协作的立体式联动治理。由党委领导、政府负责、企业自主、社会协同、公众参与的政府治理体制，实际上是一种政府寻求协作的新型治理方式。在这种新型的合作性政府治理中，政府作为主要责任的承担者，为公民、企业和社会的参与治理提供了多种渠道，承认了公民、企业和社会在治理中多元主体的身份，并肯定了其在政府治理中的协同作用。

2.4.3 治理方式创新：从经验管理到精准治理

精准治理代表了新一代信息技术在政府管理中的递进式变革，它是对传统行政模式进行改造的一把"万能钥匙"。进入被新一代信息技术重塑的数字时代，在全面深化改革、提高政府治理水平和推进治理现代化建设的背景下，政府治理方式进行了不断创新，政府治理的理念和主体也得到了进一步的拓展和重塑，传统的依赖经验和直觉的"经验管理方式"慢慢转变为依靠数据的"精准治理方式"。

从政府决策方式来看，我国长期以来的政策制定多建立在实际工作基础上，实证数据要么来自地方试验，要么来自局部抽样，经验型管理一直占据着主导地位。这种治理模式在单一的社会结构中是有效的。然而，随着数字时代的来临，高度复杂的作业使各种形式的危机事件层出不穷，以往依靠决策程序的方式已无法适应各种紧急事件的处理需求，也不再适应社会治理的诉求。新一代信息技术可以帮助政府部门在多个领域进行实时的数据收集与分析，及时掌握国内外形势、公众需求、政策效果反馈等信息，提前预判可能出现的问题和风险，以科学、完整的数据为依据，以便政府做出较为科学、准确的决策。

从政府服务方式来看，在传统的公共服务提供方式下，政府更多关注大众化的公共服务标准，而忽视了在当今社会日趋复杂化的条件下小部分群体的特殊需求。借助新一代信息技术，政府能够准确地识别人们对政务服务的需求并做出回应。通过在智能终端上收集、分析公众日常的网络数据，如购物出行、行为习惯、上网搜索记录和浏览内容等，政府便可识别出每个人的个性化需求和偏好，进而根据数据反映的问题，主动提供优质、高效和全面的公共服务。例如，在智能系统和智能机器人的帮助下，政府的政务服务正在逐步变得智能，智能审批、智能审核、智能搜索、智能辨识等技术已经在越来越多的地方普及，有效缩短了企业和民众办事的时间、提高了服务效率，得到了公众的广泛认同和肯定，使精准提供公共服务成为常态。

第3章

信息技术支撑的
政务智慧化历程

政府形态演变是一个漫长且复杂的过程，不同阶段转型的特征及任务也各不相同。自新中国成立以来，在信息技术不断发展的同时，我国政府的变革也从未停歇。新时期我国社会主要矛盾的变化和新一代信息技术的飞速发展正引发政府全面和根本的转型，即政府的数字化转型。但是政府数字化转型并不是一蹴而就的，信息技术的不断更新使政府进化到新的形态。因此，整合性的分析工作是必要的：信息技术角度的换代更新，为详细描绘政府转型中信息技术交互演进的逻辑关系奠定了理论依据。从我国政府的发展历史来看，立足于新一代信息技术对政府治理改革的作用，政府形态演变可以分为政府信息化、电子政务和数字政府3个阶段，如图3-1所示。

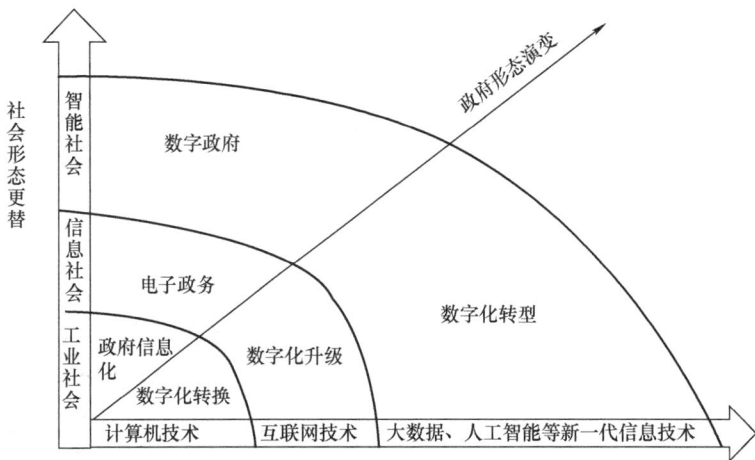

图3-1　信息技术升级支撑的政府形态演变

3.1　政府信息化阶段

20世纪70年代，计算机技术的快速发展使微型计算机逐渐成熟，"信息高速公路"也应运而生，政府开始利用计算机技术处理部门业务，政府信息化建设由此开启。在起步阶段，信息化建设的重点是以政府经济管理中的产业发展为转移，以行政理念为中心、以自主研发和引进外国技术为主要目的。从20世纪80年代初期开始，在国家顶层规划的基础上，我国政府通过领导重视、政策宣传和组建领导团队等措施，推进了政府信息系统的建设。政府信息化阶段（1982—1998年）如表3-1所示。

从政府应用计算机技术的历程来看，信息技术应用于政府的时期可以分为2个阶段。第一阶段是办公自动化。办公自动化是指政府部门使用信息技术，以完成档案资料制作、传送及储存等工作，这是政府利用电子文档、电子邮件、文件传输等技术辅助完成如公文传输、文档管理等最基础的政务活动。20 世纪 80 年代，随着社会经济与信息技术的发展，OA 系统已经能够适应政府各级工作人员的需求，开始从局域网逐渐走向全局网。第二阶段是政府管理信息系统。通过政府管理信息的集成化系统，政府能够通过计算机硬件和软件进行信息收集和加工，大大提升了政府的办公效率。政府管理信息系统的建设，使政府在掌握更加全面的信息的基础上，实现了政府办公效率的提高，同时，政府办公人员和决策者可以基于此了解到更为详细和全面的政府整体运作状态。随着办公自动化应用的发展，工作流技术日益受到政府的重视，以局部网为核心，以文档数据库技术、流程与功能集成技术、业务协同技术等技术为依托，将文档发送、接收、处理等各种程序性的工作联系在一起，在一定意义上实现了政府工作流程的自动化。

表3-1　政府信息化阶段（1982—1998年）

时间	政府信息化发展基础
1982 年 10 月	国务院成立"计算机与大规模集成电路领导小组"
1983 年 5 月	计算机技术全面推广和应用，构建一支强大的科技队伍
1984 年	中央领导同志强调要发展现代化信息系统，普遍应用电子计算机等信息技术；国务院成立"新技术革命对策"小组
1986 年 12 月	召开中国信息化问题学术讨论会
1988 年 5 月	"国务院电子振兴领导小组"更名为"国务院电子信息系统推广应用办公室"
1992 年	持续推动电子信息技术应用向纵深发展
1993 年 12 月	确立以信息化带动产业发展和实施信息化工程的指导思想
1994 年 5 月	成立国家信息化专家组
1996 年 1 月	成立国务院信息化工作领导小组
1997 年 4 月	编制《国家信息化"九五"规划和 2010 年远景目标（纲要）》
1998 年 3 月	国务院信息化工作领导小组办公室整建制并入新组建的信息产业部

由计算机技术支撑政府信息化建设可以看出，政府信息化是政府为适应信息社会的到来而进行的工具性变革。在工业社会时期，传统的官僚体制是政府治理运行的核心，民间力量很难介入政府的管理。而在政府办公自动化初期，信息化的过程只是将行政工作计算机化，这是一个单一方向的信息传递，并不会对政府的运作机制和管理观念产生影响。这一阶段只是单纯的技术应用，社会参与度较低。随着信息技术的不断发展，社会开始从工业社会向信息社会转型。在政府管理信息系统阶段，信息的管理、使用已开始被政府重视起来，政府通过建立管理信息系统来实现信息的整体化管理。政府信息化阶段是政府利用信息技术进行办公和信息管理的时期，政府在这一过

程中处于主导地位，成为社会最大量数据和信息的拥有者。信息技术在这一阶段仅仅被视为改善政府组织效能的工具。因此，信息技术对于此阶段行政改革的影响是极其有限的。在这一阶段，计算机技术作为一种办公工具，其对政府的作用仅在于"数字化转换"，即将政府简单的办公信息转换为数字形式，以提高政府办公效率。

3.2 电子政务阶段

20 世纪 90 年代末，在计算机的广泛应用下，互联网等信息技术也逐渐发展起来，民众对网络的认识、接受程度及使用率均有所提升，政府逐渐提高对信息公开的重视，着手构建"网上政府"，1999 年正式启动的"政府上网工程"，标志着我国政府建设实现信息化和网络化，主要国家机关基本实现"办公自动化"，我国由此开启电子政务建设阶段。国家层面对电子政务建设的统筹安排与统一建设，进行了相关探索实践与政策安排，保障了我国电子政务建设与发展的有序性，电子政务阶段（1999—2013 年）如表 3-2 所示。

表3-2 电子政务阶段（1999—2013年）

时间	相关探索实践与发展
1999 年 1 月	中央 40 多家部委在北京宣布实施"政府上网工程"
1999 年 12 月	成立国务院信息化领导小组
2001 年 10 月	《全国政府系统政务信息化建设 2001—2005 年规划纲要》
2002 年 7 月	国家信息化领导小组通过了《关于我国电子政务建设的指导意见》
2003 年 1 月	《关于开展信息化与电子政务培训的通知》
2005 年 10 月	中央人民政府门户网站试运行
2006 年 3 月	《国家电子政务总体框架》
2007 年	国家政务外网的中央级平台已基本建成
2008 年 5 月	《中华人民共和国政府信息公开条例》施行
2009 年 4 月	《政府网站发展评估核心指标体系（试行）》
2011 年 9 月	《关于开展依托电子政务平台加强县级政府政务公开和政务服务试点工作意见》发布
2012 年 5 月	《国家电子政务"十二五"规划》
2013 年 2 月	《基于云计算的电子政务公共平台顶层设计指南》《关于加强和完善国家电子政务工程建设管理的意见》

从政府使用互联网技术的历程来看，互联网技术应用于政府主要分为两个阶段。第一阶段是电子政府（EG），该阶段的主要特点是"政府上网"和网络化政府的建设，大概经历了存在、互动、交易和转化 4 个阶段。"存在"是指通过设计和建立网页，政

府向公众传递信息，即政府上网的单向阶段；"互动"是由政府利用互联网等信息技术与民众进行双向的沟通，即所谓的"网络问政"；"交易"是指政府依托信息技术搭建系统化的平台，为大众提供政务服务；"转化"是由政府利用信息技术在网络上建立的"虚拟政府"，即实体政府在虚拟空间的具体表现，将"实体"和"虚拟"相结合，提供全方位、多维度的社会公共服务。

第二阶段是移动政府（MG），移动互联网技术和智能手机的快速发展与应用，使政府不再局限于固定位置的电子政府，而开始向可以移动的政府转变。首先，在移动网络技术刚刚起步的时候，政府的工作重点是利用手机等移动终端的便利性和移动网络技术，通过"推送"的形式提供政务服务，在这一过程中，政府和群众之间的互动平台转移到了移动设备上，群众成为政府信息的主要接收对象，这种互动形式依然具有被动和单向的特征，与传统的政府信息化在本质上并无差别。其次，在互联网技术发展的中期，移动政府被视为政府向社会服务的空间扩展，是支持、改进和扩展政府管理观念和方法的一种手段。它的主要特征是利用新媒体技术，以移动设备作为载体，加强政府与社会之间的交流，达到政府与社会良性互动的状态，使新媒体能够及时地将政府的相关信息传递给社会，同时也便于公民更好地理解信息及与政府交流，如政府的官方微信公众号和微博认证号等，为政府部门建立了一种新型的信息交流渠道，同时也为公民参与监督政府开辟了一条新途径。

通过互联网技术支撑电子政务建设可以看出，电子政务是政府在互联网技术支撑下的新型运行模式，是政府为应对互联网技术快速发展的结果。政府提高公共服务水平和质量的主要动力来源于公民广泛的网络参与，各级政府部门纷纷建立了政府门户，开通了官方微博，对群众的网络参与进行及时响应，也对政府的工作提出了更高的要求。

电子政务的业务模式如图 3-2 所示，其特点具体如下。

① 政府各个部门是条块分割的。

② 公众办一件事要跑很多部门。

③ 各政府部门之间的资源不能共享。

所以，政府内各部门之间业务割裂、资源各自独立、政府行政效能低下，公众办理一件事流程烦琐，即便是一件简单的事情也要面对多个部门，每个部门的规定又各有不同，社会效能非常低下。

可以看出，电子政务阶段的行政理念逐渐由"以政府为中心"向"以人为中心"转变，政府不仅把信息技术作为改进组织内部效率的工具，而且更加注重与社会公众的互动，逐渐开始对外公开信息，保障公众的知情权。通过互联网平台，政府可以向公众传递政务信息和政策动向，公众也可以即时地对政府的做法做出反应，互联网改变了传统的政府单向宣传，使政府宣传变成了一个双向的沟通过程。在电子政务建设阶段，互联网技术作为一种提高办公效率和与社会互动的工具，信息技术对政府的作用在于"数字化升级"，即政府利用信息技术改变政府部门的运作方式，加强与社会公众的沟通与互动，从而改善公共服务。

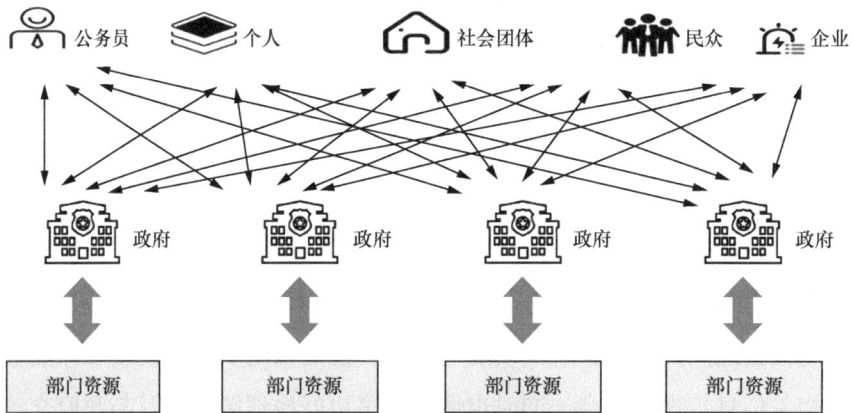

图3-2 电子政务的业务模式

3.3 数字政府阶段

伴随着物联网和人工智能等新一代信息技术的蓬勃发展，我们逐渐步入了数字时代下的智能社会。智能政府和智慧社区等建设使人类的智能化程度日益加深，为应对这一发展新局面，政府不得不在计算机技术、互联网技术应用的基础上，积极吸纳新一代信息技术并将其应用到政府管理中，数字化已成为政府治理转变的重要方向，我国政府建设已来到了一个新的时代——数字政府时代。国家系列政策文件明确了我国在推动数字政府建设中的积极导向。数字政府阶段（2014—2023 年）如表3-3 所示。

表3-3　数字政府阶段（2014—2023年）

时间	相关政策文件
2014 年 3 月	"大数据"首次被写入我国政府工作报告
2015 年 7 月	《国务院关于积极推进"互联网＋"行动的指导意见》
2016 年 9 月	《国务院关于加快推进"互联网＋政务服务"工作的指导意见》
2016 年 12 月	《"互联网＋政务服务"技术体系建设指南》出台

续表

时间	相关政策文件
2018 年 6 月	《进一步深化"互联网＋政务服务"推进政务服务"一网、一门、一次"改革实施方案》
2018 年 7 月	《关于加快推进全国一体化在线政务服务平台建设的指导意见》
2019 年 4 月	修订《中华人民共和国政府信息公开条例》
2020 年 9 月	《国务院办公厅关于加快推进政务服务"跨省通办"的指导意见》
2021 年 9 月	《全国一体化政务服务平台移动端建设指南》
2021 年 12 月	《"十四五"推进国家政务信息化规划》
2022 年 2 月	《国务院关于加快推进政务服务标准化规范化便利化的指导意见》
2022 年 6 月	《国务院关于加强数字政府建设的指导意见》
2023 年 2 月	《数字中国建设整体布局规划》

从政府使用新一代信息技术的历程来看，随着新一代信息技术与政府应用走向融合、纵深发展，政府的数字化、智能化和整体化程度也越来越高，数字政府应运而生。诚然，数字政府作为一个新生的概念，尚处于不断探索与发展的阶段，政府工作人员对数字政府的认识和理解还不够全面，但关于新一代信息技术对数字政府建设的作用达成了共识。新一代信息技术的应用为政府管理带来了创新的活力，对政府组织结构、制度安排、业务流程等产生了颠覆性的影响。进入数据爆炸式增长的大数据时代，政府作为社会最大数据量的拥有者，能否处理好、利用好社会公众数据成为衡量政务服务质量的关键。

在传统的信息化时代，电子政务中仅限于处理政府信息的模式已经无法满足大数据时代的要求。因此，政府需要借助云计算、大数据等新一代信息技术对这些数据进行处理，以准确掌握社会的发展规律。依托新一代信息技术，政府建设了数据共享平台和政府政务服务网站，对政府现有政务流程进行重构，从公众的角度出发，将线下的业务和服务迁移至统一的政务服务平台，注重"政府—平台—公众"流程的设置，关注政府与社会公众的即时、在线、高效互动，重塑政府、企业和社会之间的信息流转关系，拉近政府与社会公众之间的距离。此时，数字政府的业务流程与传统的业务流程相比，有了质的飞跃，各部门间的联系加强，并整合了所有政府部门的资源，以统一的数字政府平台为公众提供服务，提高了行政的效率，具体如图 3-3 所示。社会公众、企业及公务人员都可以通过网络访问整合后的服务资源。

在对自身业务流程进行改造的同时，政府的组织结构和组织形态也在逐渐变化，朝着精简化、扁平化和虚拟化的方向发展。政府的决策模式也由以前的经验决策转变为依赖大数据挖掘的精准决策，满足了公众对政务服务的个性化、多样化的需求。从

"政府云"到"云政府""平台型政府"，在政府对新一代信息技术不断运用和适应的过程中，政府在提高公众服务质量、优化公共资源使用效率的同时实现了对政府组织结构、业务流程、治理理念等方面的全方位转型。

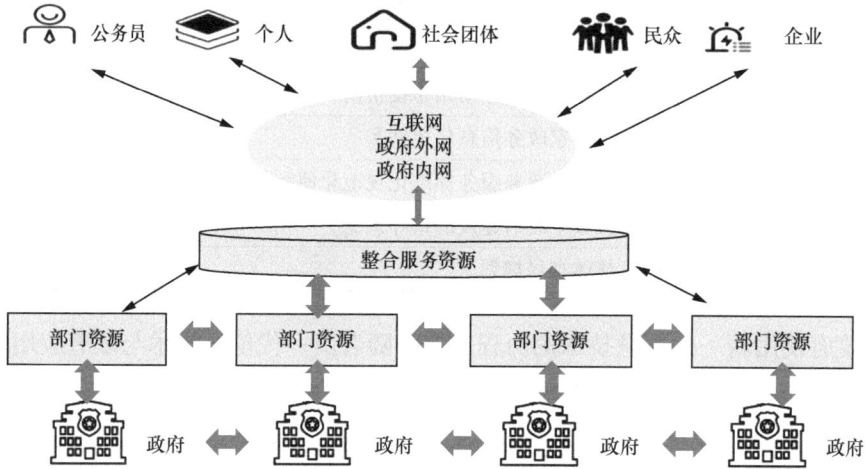

图3-3　数字政府的业务流程

通过新一代信息技术支撑我国数字政府的建设可以看出，数字政府是政府为适应社会智能化发展趋势而进行的自身数字化变革。在这一阶段，政府数字化转型成为政府改革工作的重心，政府的"条"和"块"之间的联系变得更为紧密，形成了一个完整、系统的网上政务服务平台。与传统的政府信息化、电子政务相比，新一代信息技术是推动数字政府发展的重要力量，新一代信息技术对政府治理模式产生了颠覆式的影响。数字时代下，新一代信息技术作为一种资源和能力，其对政府的作用在于推动"数字化转型"，即政府通过新一代信息技术的应用，推动政府组织结构的重塑、业务流程的重构和服务方式的变革等，促使政府与社会、政府与市场形成新型关系，从而实现政府治理模式的转型创新，这一过程是政府适应社会需求和政府治理创新的结果。

回顾信息技术支撑政府数字化变革的历史，每一次的技术革命都对人类社会中的政治关系进行了重组与再造，毫无疑问，技术变化是政府变革最深刻的动因。从计算机和互联网的诞生到移动互联网，再到以大数据、云计算、人工智能等为代表的新一代信息技术，技术在不断迭代更新的同时与政府之间的关系也变得更加复杂。每一次的信息技术革新都为政府变革带来了新的发展动力，也促使政府形态与模式不断演变。信息技术迭代更新支撑的不同政府形态的比较如表3-4所示。

表3-4　信息技术迭代更新支撑的不同政府形态的比较

阶段	时间	信息技术	发展特征	目标
政府信息化	1982—1998 年	计算机技术	政府信息数字化转换	提升行政和管理效率
电子政务	1999—2013 年	互联网技术	政府业务数字化升级	优化服务体验和质量
数字政府	2014 年至今	新一代信息技术	政府组织数字化转型	实现政府治理创新

　　技术发展遵循一定的内在逻辑和规律，技术从低到高，从简单到复杂，从宏观到微观，从经验到科学不断发展。随着信息系统建设和电子政务的持续深入，信息资源的积累已经达到了一个相当高的水平，政府信息网络建设也步入了成熟阶段。在信息技术的迭代更新下，我国政府的行政理念已经从最初的以政府为中心、以提升行政和管理效率为目标的政府信息化，成功转向行政理念从以政府为中心向以人为中心、以优化服务体验和质量为目标的电子政务。目前我国政府正朝着以人为中心、以实现政府治理创新为目标的数字政府迈进，这标志着我国政府从简单的信息数字化转换，过渡到业务数字化升级，并逐渐走向政府组织数字化转型的"深水区"。伴随着信息技术的运用，只有不断变革组织结构，政府才能更好地适应信息技术的发展，产品与服务的质量才能不断提高。这一深层次的制度与组织结构问题，即由工业革命时期的管理型政府转变为符合信息革命要求的平台型政府、整体性政府、协同型政府等新形态的数字政府。因此，政府数字化转型可以理解为新一代信息技术引起的政府的全方位变革和创新。

第 4 章

云计算在数字政府
中的应用

4.1 云计算简介

4.1.1 云计算的相关技术

传统的电子政务应用正变得越来越复杂，需要支持更多的用户、更强大的计算能力、更加稳定安全的运行状态，为了满足这些不断增长的需求，政府各部门不得不单独购买各类硬件设备，如服务器、存储设备，以及软件系统，如数据库、中间件、智慧应用等。另外，政府还需要组建一个完整的运维团队来支持这些设备和软件的正常运作，这些维护工作就包括安装、配置、测试、运行、升级及保证系统的安全等。政府会发现支持每个部门的智慧应用的开销巨大，而且它们的费用会随着数字政府智慧应用的数量或规模的增加而不断提高。

针对上述难题的解决方案便是使用云计算。在云计算中，虚拟机（VM）是对计算机系统的仿真。虚拟机基于计算机体系结构，通过软件模拟，能够拥有完整的硬件功能并提供物理计算机的功能。具体途径是通过配置好的物理机和虚拟化软件实现虚拟机的功能。不同类型的虚拟机应该具有不同的功能。系统虚拟机，也称为完整虚拟化，可替代真实计算机。现代的虚拟机管理程序主要使用来自主机 CPU 的硬件辅助虚拟化，特定于虚拟化的硬件。流程虚拟机旨在在与平台无关的环境中执行计算机程序。一些虚拟机还为模拟功能设计了不同的体系结构，并允许执行另一个 CPU 或体系结构编写的软件应用程序和操作系统。操作系统虚拟化允许通过内核对计算机的资源进行分区。

政务云是指使用云计算技术，将政府内部各个部门的信息统一上传至云端，并且利用现有的机房资源，在计算、网络、安全、存储等方面提供应用支撑，发挥出云计算的虚拟化优势，提高政务系统整体的可靠性、通用性、扩展性。政务云为政府行业提供基础设施、操作系统和支撑软件等安全的服务平台。政务云可实现政务内各委办局的信息互通，提高民众对政务服务办理的满意度，提升口碑，同时解决信息孤岛的情况，实现政务信息的统一管理、统筹规划。

4.1.2 云计算的优势

云计算的发展以并行计算、分布式计算和网格计算为基础，能在数秒内处理数以万计甚至上百万的数据，从而提供泛在的连接和计算服务。随着云计算技术的不断发展，该项技术实现了功能的演变，将各种计算方式有效整合，如分布式计算、效用计算、网络存储、虚拟化计算等。云计算包含两个层面，一是面向更高层次的应用程序提供的基础设施；二是基于该平台的应用程序。在目前大数据环境下，云计算不仅是某种具体的计算方式，而且是一种全新、高效、实用的数据传输与存储处理模式。在互联网背景下，它提供广泛的连接，并通过应用技术手段优化各项资源配置及成本控制。

将应用部署到云端后，使用单位可以不必再关注那些令人头疼的硬件和软件问题，它们会由云服务提供商的专业团队负责解决。使用的是共享的硬件，这意味着像使用公共工具一样方便。在特殊情况下，用户还可以通过支付相应的费用，在短期内自动完成资源的按需扩展。

云计算是继互联网、计算机后，信息时代又一重要的科技革新。云计算标志着信息时代的一个大飞跃，未来的时代可能是云计算的时代。虽然目前有关云计算的定义有很多，但云计算的基本含义是一致的，即云计算具有很强的扩展性，可以为用户提供一种全新的体验。云计算的核心是可以将很多计算机资源协调在一起，构成整体化的资源池，用户通过网络就可以获取到无限的资源，同时获取的资源不受时间和空间的限制。

4.1.3　发展历程与现状

2006 年，亚马逊推出云计算服务；2009 年，云计算概念与架构开始走入人们的视野，国内外厂商逐步尝试布局中国云计算市场，研究新的解决方案与商业模式；2010 年，云计算概念在中国落地，大量的云计算解决方案、技术与标准开始推广，互联网和 IT 行业成为第一批关注和使用云计算技术的领域；2013 年后，全球云计算技术进入发展快车道，美国、加拿大、智利、新西兰等国纷纷制定相关国家战略和行动计划，鼓励政府用云和企业上云。随后，云计算进入蓬勃发展阶段。

中国信通院发布的《云计算白皮书（2022 年）》显示，我国云计算市场保持高速增长态势。2021 年，中国云计算总体处于快速发展阶段，市场规模达 3229 亿元，同比增长 54.4%。其中，公有云市场继续猛涨，规模增长 70.8%，达到 2181 亿元，有望成为未来几年中国云计算市场增长的主要动力。与此同时，私有云市场也突破千亿大关，同比增长 28.7%，达到 1048 亿元。白皮书预测，到 2023 年，中国云计算产业规模将超过 3000 亿元人民币，届时，中国政府和企业上云率将超过 60%，全栈自主可控的计算平台将成为政府和大型企业的主要 IT 基础设施。

4.2 云计算与数字政府的关系

政务云的快速发展是我国"数字政府"建设过程中的重要一步，政务云是政府部门实现治理水平和治理能力现代化的必要工具。通过梳理各种文献发现，政务云的发展主要受两个方面的影响。一是传统电子政务的局限性。传统电子政务的主要特征是利用电子信息化技术实现政府部门之间更加便捷、快速的公共事务管理，通过对政府组织相关业务流程再造，提高政府内部信息流通的效率，实现业务主体部门之间的信息共享。随着经济社会发展水平的不断提升，政府部门加快了职能转变的步伐，传统电子政务已经无法满足公民的多样化需求。二是云计算技术的发展。云计算技术的快速发展为政府部门重塑业务流程、收集并处理政务数据等需求提供了机遇。政务云是云计算技术在政府部门的具体应用，通过向政府部门提供基础设施、信息技术平台搭建、政务数据运营等服务，使云计算服务在数字政府建设中发挥其应用的效用。

4.2.1 政务云提高了组织运行效率

近年来，我国大力支持政务云的整合和建设，主要是因为政务云数据中心的建立能够节约政府运行的成本及优化资源配置。

政务云的建设正是我国政府在云计算迅速发展的趋势下，为了促进政府部门间高效协作，提供优质公共服务所作的科学决策。传统的政府机构提供的公共服务模式是单一的、独立的，政务云打破了这种模式，满足了新的发展需求。企业和公民在获取公共服务时，需要通过"按需使用、即付即得"的方式。政府作为一个组织，要关注其微观层面的运行效率，但现实中行政机构运行的成本不断提高，导致社会压力变大，使公民和企业的生产成本提高，并间接影响了政府治理效率。而政务云为解决政府运行成本及资源配置的问题提供了平台。

政务云平台通过信息整合，促使政府各部门协同工作，实现政务信息资源的共享。这样可以有效降低运行成本，使资源的获取、利用和共享效率提高。政务云数据中心的建设能够减少信息成本，提高信息利用率，使政府部门运行过程更加高效、透明，有利于提高政府治理效率。

4.2.2 政务云提升了公共物品的供给效率

我国政府不仅在公共物品供给过程中起到了决定性作用，而且在国防、教育、医疗等公共服务领域均发挥着基础性作用。政府治理的交易成本是涉及信息收集决策、监督等多个方面。在全球化及多边贸易的影响下，传统的公共服务形式也发生了改变，多样化、即时性的需求成为公共服务需求的主要形式，企业和市场主体对公共服务的质量更加重视、需求范围也更加广泛。基于交易成本理论，在传统的政府公共管理过程中，由于信息不对称或沟通渠道不顺畅等原因，政府存在高成本运转的现象。政务云顺应了这一发展趋势，通过降低政府监督和管理成本，提高公共服务的质量，确保公共物品的有效供给。

为了充分利用有限的资源，提高政府公共决策的科学性，政务云平台所具有的数量庞大、种类多样、信息真实和速度快等特征，为满足这一要求提供了可能。政务云平台通过信息收集整合功能，全面收集公民和企业在政府部门"两微一端"平台上反馈的信息，了解公民在公共服务不同方面的需求，减少不必要的信息收集成本，提供更加精准、及时、高效的公共服务，从而提升公共服务效率。

4.2.3　政务云优化了要素资源配置效率

互联网的发展对于政府行政管理的方式和能力都提出了新的挑战，同时也为政府提供了更加方便的监管和服务平台，有利于提升政府行政管理水平。政府部门产生的一些问题，正是由于市场主体与政府部门之间存在的信息不对称。政务云数据中心凭借其强大的信息收集整合功能，能够有效地解决这一问题，提升政府公共服务的质量和市场主体的满意度，从而达到净化市场环境、减少政府部门徇私及腐败行为的产生等目标。

以地区营商环境为例，它表示政府资源配置的效率。营商环境是一个综合的概念，包括政府、市场主体等多元主体，政府在推进营商环境优化过程中所展现出的能力代表了其治理水平。基于交易成本理论，政务云能够收集并整合各级政府部门关于市场主体准入的相关政策法规，以及"减税降费"等各种优惠政策。通过分析，政务云可以更好地了解不同市场主体的需求，从而及时出台并实施更加精准的帮扶政策。政务云为市场主体提供了一个高效透明的政务环境，使市场主体能够获取更加方便、快捷和多元化的服务。另外，资源配置也对政府部门行政管理人员的素质提出了更高的要求，政务云数据中心的建设有利于政府行政管理人员重塑服务意识、及时调整其工作形式与工作态度。政务云还能够实现各级政府的信息共享，对于不遵守法律的企业或个人，以及严重失信的问题企业或个人，可以通过建立黑名单等方式对企业或个人进行监控，从而营造良好的营商环境。

4.3 政务云在数字政府应用中的发展建议

4.3.1 建立政务云统一标准和规范

建立统一标准和规范体系是政务云建设的重要环节。政府需要积极建立和完善政务云的标准和规范体系，以确保政府信息和数据的安全、可靠和互操作性。

具体措施包括以下几方面。制定数据安全和隐私保护的标准和规范，明确政务云的安全策略、数据备份和恢复方案、访问控制和加密措施等；制定云计算架构和技术标准，规定政务云的基础设施、云服务和应用的架构和标准化接口，以便不同云服务提供商之间的互操作性；制定服务质量和性能的标准和规范，明确政务云的性能指标、服务级别协议和监控要求，以便对政务云的服务质量进行有效的评估和监控；制定合规的风险管理标准和规范，规定政务云的法律法规要求、风险评估和管理要求，以便确保政务云建设和运营符合相关法律法规的要求，降低政务云的风险和安全隐患；制定环境和能源效率的标准和规范，规定政务云的能源消耗和环境影响等方面的要求，促进政务云的绿色和可持续发展；制定云服务管理和审计的标准和规范，明确政务云的服务管理、监控、审计和报告等方面的要求，以便对政务云的运营状况进行有效的监控和管理。

通过建立和完善政务云的标准和规范体系，政府可以更好地管理和监督政务云的建设和应用。这有助于提高政务云的安全性、可靠性、互操作性和效率，推动政府信息化和数字化转型。同时，政府还可以通过定期评估与审查标准和规范的实施情况，不断完善和优化标准和规范体系，以适应政务云的发展和变化。总之，建立统一的政务云标准和规范体系对于实现政府治理现代化和数字化转型具有重要意义。

4.3.2 推进云计算技术升级和创新

云计算技术不断发展和升级，政府需要积极采用新技术和新应用，以提高政务云的效率和安全性。同时，政府还需要积极探索和创新云计算的应用场景，如人工智能、区块链等，以促进政务云的智能化和数字化发展。

政府在推进云计算技术升级和创新方面可以从以下几个方面着手。

① 采用自动化和智能化工具解决方案，提高政务云的运维效率和服务质量。例如，

利用机器学习和人工智能技术对系统性能进行实时监控，自动检测并修复问题，降低人工干预成本。

② 为了实现资源优化和成本降低，政府可以考虑采用混合云和多云策略，将政务云部署在不同的云服务提供商和本地数据中心。这种策略可以实现资源的灵活分配，提高服务的可用性和可扩展性。

③ 引入先进的网络安全技术，确保政务云的安全性。例如，采用入侵检测系统、数据加密技术、零信任网络安全架构等，以防范网络攻击和数据泄露。

④ 鼓励云原生应用的发展，以充分利用云计算技术的优势。云原生应用是专门为云环境设计的应用程序，可以更好地利用云计算资源，实现弹性伸缩、快速部署和故障恢复等功能。政府可以通过推动各部门和机构开发和部署云原生应用，提高政务云的整体效率和可靠性。

综上所述，政府在推进云计算技术升级和创新方面应采取多种措施，以提高政务云的效率和安全性。这包括引入智能化运维、混合云和多云策略、关注无服务器计算技术、积极采用开源技术和标准、提升数据处理能力、加强信息安全防护、发展云原生应用、鼓励跨部门合作与创新等。通过这些措施，政府可以充分利用云计算技术的优势，推动政务云的智能化和数字化转型。

4.3.3　加大对信息资源整合的支持力度

通过有效的监管，对数据的使用、迁移及系统运营过程进行反馈，提升对信息资源整合的指导性和强制性，为信息资源整合提供有力支持。

1. 完善数据迁移办法和考评制度，促进信息资源整合

（1）统一制定数据迁移办法和管理要求

制定统一的数据迁移步骤，建议按照业务迁移数据评估、整合非涉密业务系统、内部测试、业务迁移、数据完整性和一致性检测、监控已迁移系统的 6 大步骤稳步推进。根据不同的业务场景，采用不同的数据迁移技术，将原有电子政务系统的数据迁移到政府云平台上。确保业务系统、应用系统及其数据库的连通性，并在系统切换后进行在线调度、管理和监控，密切跟踪系统在政务云平台上的运行情况。

（2）完善考评制度

将数据迁移任务纳入绩效考核，通过制度化、常态化的绩效考评，逐步提升政务云平台数据的完整性。明确政务云数据迁移考核目标、内容及考核方法，客观评价各

单位在工作中的贡献与成绩，并给予激励。

2. 鼓励各部门开放可共享信息资源

资源共享是云平台的基础，降低信息共享的门槛，同时使用优惠政策提高参与度，保证信息的互通化，推动资源的公平竞争。通过相关的政策法规的颁布，鼓励民众参与政务云平台建设的，政府可以通过各种方式有效地利用资源，获取有价值的服务。

3. 强化部门协作，共享信息资源

需要将民众的需求作为设计平台的基础。云平台要将各个部门的信息和业务综合起来，使业务的办理更加快捷和高效。例如，城市应急预案的设计，需要各个部门共同的努力和联动，实现信息共享，增强工作的协调性。

4. 法律法规保驾护航

建立有效的法律法规，降低云平台运营风险，确保用户合规操作。制定完整的法律法规，保证每一个步骤都有责任人和责任组织，保证信息共享的安全性。

4.3.4 强化统筹协调建立信息安全保障机制

随着政务云系统复杂程度的不断提升、科技信息技术的持续发展，政府部门越来越重视政务系统的技术安全和信息安全问题。为提升政务信息安全性，需要统筹、协调各方面的力量来共同维护，降低政务云平台应用中的信息安全风险，需要从以下几个方面着手。

1. 建立健全完善的数字政府云信息安全管理机制

在云平台建设之初，需按照国家的法律法规进行设计和分类保护，确保信息安全落实到位，通过物理隔离等手段，对数据进行有效的管理和控制，保证数据存储的安全稳定。

其次，要降低数字政府系统信息数据库的物理易损性，防范物理损毁对信息数据库造成毁灭性的打击。应当为外部信息系统建立合适完备的物理安全机制，并安排专人定期有序地进行异地信息数据库的备份工作，保证信息数据库始终拥有一定地域跨度的数据备份库作为支撑，从而防止出现物理损毁导致的政务信息丢失这一严重问题。

此外，政府还需要不断更新和完善信息网络的安全技术，广泛寻求并充分利用适合政务云的加密安全技术，如用户身份验证、网络安全认证、主机物理隔离、内容信息分级管理等，多维度、多模式来保障和维持政务云平台的日常安全运行，谨防信息安全漏洞导致的政务信息泄露或遗失。

2. 提升相关工作人员信息安全意识

应当加强对政府相关操作人员信息网络安全意识的培训，定期更新培训内容，以研讨会和报告会等形式，集中探讨当前形势下的信息技术安全风险，从日常操作到系统建设等多方面谨防出现信息泄露和信息遗失等问题，政府操作人员应严格按照相关指示要求进行业务操作。在对工作人员信息安全意识的培养过程中，首先应多渠道、多形式开展宣传和警示教育，提高政务工作人员对信息安全的重视程度，定期进行信息安全培训。其次，邀请行业权威的培训机构讲师或从政务工作者中选拔内训师，对各层级政务工作人员加以指导培训。最后，研究周密的信息访问策略，针对政务工作人员、云平台运维等系统密切接触和使用的人群，分级设置信息访问权限，记录重要机密数据访问和使用记录，明确责任人和责任主体，确保信息安全保障责任落实到位。

3. 进一步完善政务云应急处置和风险防范体系

数据迁移上云确实能够提升政务系统的稳定性和可扩展性，但同时也增加了安全风险，政务云平台汇集了各部门大量的数据信息，单一服务失败将引发大规模服务瘫痪。因此需对政务云平台的运营建立应急处置机制、储备应急方案、提升故障响应速度，做到及时、迅速地获得故障或异常预警警报，快速地找出故障或异常的具体原因并快速地解决，保障信息数据的安全存储和后续可调动性，尽快进行数据备份和系统恢复，重回正常操作轨道。政府部门应当考虑同时选取多家信息数据服务商，同时进行数据备份和运营维护，防止因单一数据服务商的故障导致所有信息的丢失和遗漏，从根本上尽可能地规避风险的发生。

4. 利用专业技术保障安全服务

为保障数据信息的安全，《信息安全技术——网络安全等级保护基本要求》于2019年5月发布。积极实施网络安全等级保护制度，是在满足相关法律法规要求的基础上，进一步提高整个网络和信息数据的综合安全防护能力。各级政府在政务云的建设和应用中，需注意对云平台系统的安全标准进行更新和升级，参照行业领先的信息技术安全要求，对安全标准和相关防护系统进行不断革新和完善，以更好地应对随着信息技术发展而不断更新换代的黑客技术和潜在信息安全漏洞。政府部门应当转变传统的购买产品、等待服务商一站式运营维护的传统思想，积极主动地安排专人进行信息安全技术的全线维护和跟进，主动地进行信息数据库的维护和运用，主动预防潜在风险，从而确保政务信息的安全可靠。

另外，作为近年来备受关注的新兴技术，区块链是近几年发展和应用都非常迅速的计算机技术。它具有防伪和全网通报的技术特点，可以与政府云平台大力推广的"一站式服务""政府信息公开"等公共服务形式有效衔接。建议积极探索区块链技术在政府中的应用，以期为政府云平台的发展增添新的技术动力。

4.3.5　实施监管和树立品牌形象，提升内外部用户满意度

在对用户进行满意度问卷调查中，我们发现的不足之处主要在于政府对政务工作人员的培训频次较少，政府门户网站的"办事服务"功能的服务质量没有达到预期水平。为此，针对提升内外部用户对政务云平台应用满意度方面提出以下建议。

1. 加强与公众和企业的互动和合作

加强与公众和企业的互动和合作是政务云建设的重要目标之一。政府需要积极推广政务云的应用，提供更好的服务和支持，增强公众和企业的参与度和信任感，以下是一些建议和措施。

① 构建多方参与的政务协作平台。政务云可以成为政府、公众和企业之间的协作平台，促进各方共同参与政策制定、项目实施和社会治理等。政府可以邀请公众和企业参与政策讨论、意见征集、项目评审等，充分发挥社会力量，提高政策的科学性和实施效果。

② 深化政务云与产业发展的融合。政府可以通过政务云，推动产业发展，促进政策和资金等资源的合理配置。政府可以利用政务云的数据分析功能，评估产业政策的实施效果，及时调整政策导向，支持优质企业和项目发展。

③ 探索政务云与智慧城市的融合发展。政府可以将政务云与智慧城市建设相结合，推动政府治理、公共服务和社会管理的智能化、数字化和网络化。政府可以利用政务云，整合城市数据资源，为智慧城市的规划、建设和运营提供数据支持和决策依据。

总之，加强与公众和企业的互动合作，是政务云发展的重要方向。通过政务云的

建设和应用，政府可以实现信息资源的高效利用，提高政府治理的能力和水平，促进政府治理现代化和数字化转型。

2. 实施监督管理，提升服务质量

提高政务信息的公开透明度。政府可以通过政务云平台，公开政府信息，如政策法规、公共服务、行政审批等，让公众和企业更容易获取相关信息。推进政府服务改革，提高公共管理的便捷度，以"少跑腿、好办事、不困难"为改革目标，让公众享受到政府"云"发展的成果。同时，在门户网站设立意见专栏，听取公众对政府建设的意见。这有助于提高政府的透明度和公信力，同时也方便公众和企业了解政府的工作情况和政策导向。

3. 简化系统操作流程，提高内部人员服务能力

政府部门行政人员的业务能力参差不齐。调查结果反映出，内部人员对业务系统的操作不够熟练，复杂的系统操作导致的误操作影响了服务效率。因此，建议政府部门在不影响业务流程和业务发展的情况下，评估应用系统的便利性和适用性，考虑增加系统辅助性功能，如增强系统的导航、搜索功能，编制业务系统操作手册，建立业务系统常见问题知识库，统一操作流程和审核标准，将操作方式和交互逻辑统筹管理，从而帮助工作人员提高工作效率、减少出错频率、降低操作流程的学习成本。

4. 树立品牌形象，提升服务体验

网上用户相比政府内部用户，对门户网站的满意度普遍较低。政府应当大力加强对门户网站上的访问方式和界面设置的优化和革新，加强政务云的宣传和培训，积极宣传政务云的功能和优势，持续提升用户对网上办事的满意度与政府公共管理和服务能力，相关优化建议如下。

（1）优化门户网站功能和页面

政府网站的优化目标应保证政府网站上的信息是民众和企业所需的，能够积极地推进各行各业的经济和企业网络发展，政府要为企业提供更多的支持，让企业能够了解到政府颁布的各项政策法规。同时，门户网站的设计要合理，借助机器人及人脸识别等高科技技术实现无障碍浏览。统一所有政务云网站上的导航窗格和搜索方式，尽量统一所有部门的界面布局和交互方式，从而方便统筹管理和整体规划，降低群众的访问学习成本。网站页面优化应当注重美观性和官方严肃性，做到布局合理、页面清晰。

（2）树立政府网站服务品牌形象

政府应加快建设政府网站的集约化平台，统筹门户网站建设，对接各事项办理部门的网站，与"跑腿办业务"相比较，让公众能切实体会到"云上办业务"的便捷化、业务流程标准化、办理进度可视化和需求响应提速化，形成政务服务的良好口碑，将政府门户网站打造成城市名片，吸引更多的公众使用，持续提升用户对网上办事的满意度与网上政府公共管理和服务能力。

第 5 章

大数据在数字政府中的应用

5.1 大数据的内涵演进简介

1980 年，著名未来学家阿尔文·托夫勒的著作《第三次浪潮》在美国出版。书中阐述了由科学技术发展引发的社会变革与趋势，把计算机看作"新文明形态的诞生"，并预测了信息化网络的可能性，明确提出了"数据就是财富"的观点，认为信息时代即将席卷而来成为第三次浪潮。书中虽然并未直接提及大数据，但是它被看作预见到大数据未来潜力的先声。当下，关于大数据，普遍认可的说法是根据美国杂志《自然》于 2008 年 9 月发表的一期以"大数据"为主题的专刊。该专利指出，大数据的概念最初源自天文学和基因学等经历了信息爆炸的学科，随后大数据开始进入人们的视野并成为创新领域的前沿话题。随着互联网应用和信息技术的广泛渗透，传统的思维和观念受到前所未有的冲击，大数据的快速兴起引起了工业界、商界、学术界和政府部门等的高度重视。尽管各界人士分别从各自的行业领域出发对大数据展开研究，但对其概念的界定尚未形成统一的标准。

国外研究对大数据相关概念的界定涉及多个维度。世界著名咨询公司麦肯锡最早对大数据展开了研究。其在 2011 年发布的研究报告中将大数据定义为"大数据是大小超出了传统数据库工具的抓取、存储、管理和分析能力的数据群"。高德纳咨询企业则将大数据定义为"需要新处理模式才能具有更强的决策力、洞察发现力和流程优化能力的多样化、高增长率和海量的信息资产"。维基百科认为大数据是利用常规软件很难处理、所需时间超过可忍受范围的数据集，并指出其存在诸多挑战，如采集、管理和分析等。牛津大学教授维克托·迈尔-舍恩伯格在《大数据时代》里指出，大数据是一种技术资源，也是一种思维方法；既是人们获得新认知、创造新价值的源泉，也是改变政府与市场、政府与社会关系的一种方法。另外，IBM、微软、SAS 等公司也通过大数据的特征对其进行了定义。

中国信息通信研究院在《大数据白皮书（2022 年）》中将大数据定义为具有体量大、结构多样、时效强等特征的数据。2015 年国务院发布的《促进大数据发展行动纲要》，从数据集合的主要特征、发展态势和新的知识价值能力展现的新信息技术和服务业态角度来定义大数据。百度百科则从信息角度出发，以涉及的资料量规模、主流软件工具的效率及帮助企业经营决策的目的来定义大数据。

目前关于大数据的界定，充分反映出各行各业对于以大数据为代表的信息技术发展趋势的认知和把握。人们普遍认同大数据带来了极大的社会价值，提高了生产效率，促进了经济发展，甚至也在一定程度上改变了人们的世界观和方法论，人们对信息化、数字化的重视和认可程度也随之提升。大数据一般有着复杂的种类、庞大的规模、快速的增长和传播速度及较高的价值。

5.2　大数据与数字政府的关系

大数据为数字政府带来了新的发展机遇，同时也使政府治理面临新的挑战。因此，如何更好地利用大数据发展的机遇来解决实际问题，已成为数字政府理论和实践探索的共同焦点。

5.2.1　大数据时代对数字政府提出的新要求

当今时代，大数据已经成为政府治理现代化的重要技术支撑，这就对政府治理现代化建设提出了新要求。

1. 治理主体多元化

政府治理主体多元化强调公众参与和协商交流，以协同促进基层社会和谐共进、稳定发展，治理主体多元化是政府治理现代化的必然要求。大数据的应用突破了时空限制，推动了治理主体的多元化。除了政府外，社会组织、企业也参与其中，以此共同促进政府、企业和社会之间的零距离互动。在这一演变过程中，传统社会中"全能"的政治治理模式早已不再适用，大数据作为一种技术或一个理念，在这一历史性转变中发挥着与时俱进的作用，城市政府需要更加明确的定位，充分挖掘多元主体治理的作用和价值，提高政府与社会之间的协同治理效果，积极构建社会治理协同机制，亦是实现政府治理现代化的重要特征。

大数据技术的发展为实现多元主体治理创造了有利条件。大数据具有数据收集、跟踪、分析和使用的功能，使社会中的任何主体都可以成为数据信息的发送者、传播者和拥有者，这使社会治理中各主体的信息收集成为可能。政府把公众当作"合作伙伴"。近年来，大数据技术的应用提升了政府管理部门的对外开放程度，促进了企业与社会组织在共享治理中的协调与合作，也促进了政治系统内公众的情感纽带的联结，既发挥了各自的优势，又避免了"信息孤岛"，实现了多元共享的预期效果。

2. 政府决策科学化

政府决策是针对基层经济、政治、文化和社会建设制定规划、出台政策的过程，决策一经实施，必然会在社会各个层面引起非常大的反响。因此，决策失误可能会给社会造成不可估量的损失。为此，政府部门把大数据技术与思维运用到政府决策中，以掌握决策依据、优化决策流程、跟踪决策实施，从而制定出推动政府治理现代化发展的科学决策。

政府治理决策是政府与公众协商治理的重要环节，政府的决策方案应体现基层群众的最根本利益，始终保持与基层群众的紧密联系，亦是贯彻党的初心使命、理想信念、性质宗旨、奋斗目标的基础要求。但是，传统政府决策的制定和分析方式已无法满足社会治理现代化的需要。因此，大数据的快速发展对破除传统决策困境起到了关键作用。一方面，大数据增强了人类行为的可预测性，揭示了人类管理及决策行为的规律，帮助政府准确把握民众的需求，倾听民众的意愿，广泛汇集民智、民意，推动公共决策的社会化。另一方面，大数据为政府决策提供了预测性支持，通过建立数据平台，帮助政府从整体上把握社会发展趋势，并及时掌握最新的信息。政府不仅能够在宏观层面确保决策的合理性，还能做出准确的预测和客观的分析。运用大数据促进经济社会发展，提升城市政府的决策效率，充分发挥政府引导和指导人民群众参与治理的作用，保证决策的客观性，为城市政府科学决策提供保障。

依托大数据技术的创新决策模式为政府治理决策提供了更为精准、科学的参考依据，推动政府决策由过去的经验型向数据分析型转变，推进政府治理决策的科学化、民主化发展。这是建设社会主义政治文明的重要举措，也体现了推进中国特色社会主义建设的坚定信念。

3. 公共服务精准化

高质量公共服务既是推动我国经济高质量发展的强大动力，更是实现人民共同富裕的重要保障。中国特色社会主义进入新时代，社会发展的主要矛盾已经转化为人民日益增长的美好生活需要和不平衡不充分的发展之间的矛盾。"美好生活需要"反映出基层群众对公共服务愈加精准化的美好期望。但由于基层跨部门数据交流信息受阻、公共服务需求协商机制不健全、政府部门间公共服务资源差异等因素，公共服务失衡问题尚未得到解决。大数据技术有效解决了公共服务效率低的问题，为政府公共服务提供了强有力的技术支撑。

首先，大数据技术可优化政府行政治理审批流程，提高地方政府行政登记和审批效率，让城市政府更好地为人民服务。大数据技术减少了不必要的环节，降低了时间和人力等成本，实现了公共服务供给与需求之间精准对接，通过"数据跑腿"提高基层公共服务的精准度。其次，大数字技术具有注重个体需求、整合资源和数据共享等特征，大数据能将分散的数据信息整合，满足公众个性化需求，帮助公民通过网络信息技术积极参与政府治理，加强政府和公民之间的沟通，帮助政府更好地了解民意，改善城市基层行政部门的工作和服务质量，增强公共服务供给的针对性、有效性，实现定制化。例如，某城市的政府部门为所有网络官员配备了移动设备，以方便信息录入、收集公众意见和提出解决方案，为社会公众提供个性化、精细化的公共服务。

人民群众对美好生活的向往体现为对公共服务需求总量的持续增加，同时也体现为公共服务需求多样化、个性化。随着大数据技术与公共服务的深度耦合，数字赋能将使公共服务的精准化得到进一步的彰显与释放。

4. 政务运行透明化

政府治理透明化是实现政府善治的必然要求，亦是国家治理现代化的基础。全面推进政务公开，既要充分保障人民群众对政府权力运行的监督权、知情权、参与权和表达权，又要突显政府情为民系、权为民用、利为民谋的民生情怀，这是政府自我革新、深化政府自身建设、转变政府职能的重要推动力。

大数据既是公众了解政府行为的直接途径，亦是监督政府行为的重要依据。大数据技术推进政府政务信息公开，打通政府治理的数据壁垒，促进政府与个人、政府与组织及政府部门之间便捷的互动交流。大数据时代是互联互通的信息时代，是一个主动包容、良性互动的时代，只有政府、群众、社会力量共同努力，才能让政府治理更加透明、和谐。

借助大数据进一步推动政务运行透明化，强化动态、全方位监督模式，让人民群众切实感受到民生福祉的不断提升，定能凝聚社会合力，推动经济社会的跨越发展，从而进一步让全民都从中受益，同时增强政府的公信力、执行力，助推政务服务的透明、高效和政府公信力的持续攀升。

5.2.2 大数据给政府治理现代化带来的机遇

大数据与政府治理现代化之间存在高度的耦合性，政府要充分利用好掌握的数据资源，牢牢把握重要机遇。同时，政府要合理运用和善加利用大数据，使其成为提升自身治理能力的重要契机和手段。

1. 数据革新：塑造政府治理新范式

政府治理思维范式的更新是推动治理模式创新发展的前提条件，传统的电子政务模式虽然也利用了大数据技术，但其对大数据的理解过于片面和形式化，只采用了简单的大数据模型，即把大数据看成是一种工具，这其实是一种治理思维和模式的落后。政府依托大数据技术过滤、清洗无效的数据，挖掘数据背后的运行规律，打破政府治理过程中存在的数据壁垒，促进数据流通共享，并不断优化数据平台运作流程，让更多高质量的数据得以呈现；利用大数据的分析，评估政策执行效能、感知和预测社会公众的需求，更好地贴近民心，了解社情民意，为民众办实事，更好地理解群众对政府公共服务的需求，增进民生的福祉，实现政府治理思维的范式转变和善治模式的转型。

除此之外，大数据的采集技术集合了大量的数据集，使公共服务能力和社会治理现代化水平不断提高。政府治理现代化的内部使用主要是指数据在各部委的管理和服务中的使用，而部门间的数据共享是指与其他政府部门共享数据分析的结果，以支持其他部门的工作。此外，政府能力提升还包括分享和公开数据，通过城市政府在社会管理和公共服务方面的能力现代化，提供并授权公开使用数据，以全面提升政府治理现代化新范式为目标。大数据视域下政府治理能力现代化的应用框架如图 5-1 所示。

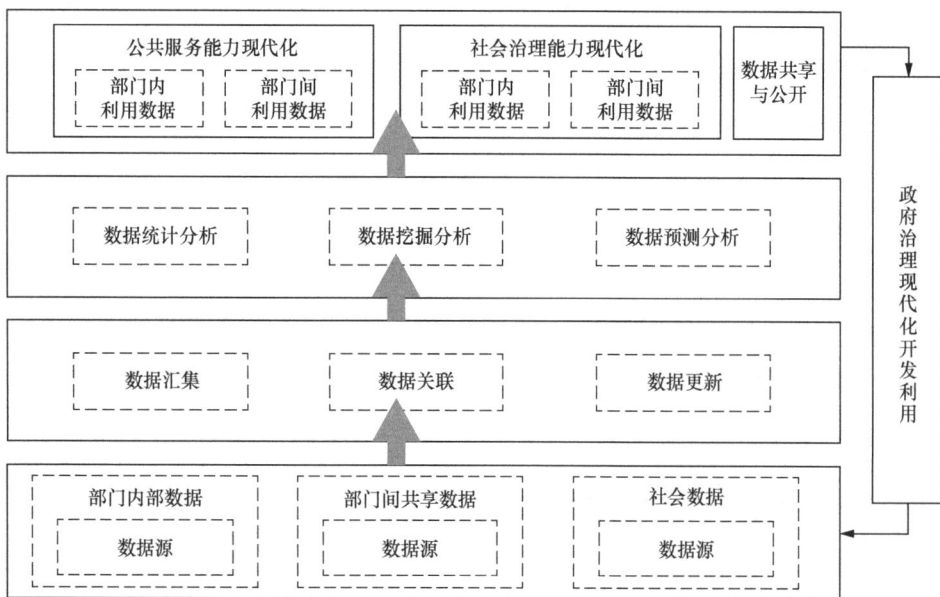

图5-1　大数据视域下政府治理能力现代化的应用框架

2. 数据投入：打造政府提质增效新常态

大数据助推政府治理能力"提质增效"成为新常态。"大数据＋政务服务"并不是简单地进行智慧政务基础设施建设，而是强调通过政府"放管服"改革和互联网、大数据、人工智能等新兴技术的深度融合，促进基层政务服务的优化，推动政务服务的供给侧改革。大数据技术提升了基层政务服务水平，运用数据共享实现跨界协作，将原来相对封闭、低效的服务模式转变为协作、高效的服务模式，实现城市政府部门之间横向和纵向的无缝协作。同时，大数据技术调动了广大社会民众积极参与，规范群众行为，提高自觉性，最终形成社会自我调节与政府规范引导相结合的共治的模式；从整体上优化政务服务能力，构建立体化服务格局，拓宽政治沟通渠道，全面提高政府的服务质量，实现"群众少跑腿、数据多跑路"，让民众像逛网店一样便捷地办理政务事项。

大数据技术赋能政务服务，在数据开放共享思维的引导下实现政府部门跨边界的协同合作，从整体上优化城市政府公共服务，形成立体化服务格局、多元化服务渠道和内容，全面提高服务质量和效率。

3. 数据共享：形成协同治理新模式

传统的城市政府主导的治理模式难以适应大数据技术发展，大数据打破了原有的治理局面。在大数据视角下，迎来了治理主体协商共治的新模式，让每个社会主体都能掌握数据。政府始终坚守"血脉在群众、根基在群众、力量在群众"的基本理念，依托大数据形成民主、平等、开放、共享、协同的治理新格局。

利用大数据的技术手段，政府实现了跨界合作治理。在基层社会的"双向建构"中，从"行政一元化"管理模式向多元主体共治转变，提升了政府与公众的双向互动，重构了政社关系转型的路径。例如，大多数数据网络论坛等平台逐渐转变为政府、公民、社会组织等多元主体共同治理的新模式。此外，这也有利于深化公众对政府的认识。政府治理从封闭、主导走向公开、透明，协商民主程度得以提升，有助于打造让民众真正满意的服务型政府。

4. 数据反哺：优化治理流程新手段

大数据是城市政府决策和行动的重要依据。其核心功能是数据清洗和数据挖掘，从海量的数据信息中发现隐含的发展规律，发挥出数据的最大价值。目前各级政府利用大数据技术，通过数据挖掘算法的迭代与升级，对问题的结构和逻辑形成多维度的认识，形成一个政策与对策的完整体系，为城市政府决策、研判和危机管理提供了有力支撑。

各类线上线下政务服务平台、内网办公信息系统正是政务大数据汇集的中心，通过分析和整理这些数据，减少了了解民意的成本，辅助政府实现科学化、系统化、精准化的决策，推进政府简政放权和职能转变，进一步挖掘政府政务服务的需求，从而将社区群体诉求整合到政府的治理框架中。在大数据支持下，城市政府可以全面优化治理流程，创新治理手段，实现数据治理的有机融合，促进城市政府所创造的数据价值的有效发挥，真正实现数据反哺，赋能服务型政府，维护社会良性运行和健康发展。

5.3 案例分析：大数据在某旅游城市的应用

本节将以大数据技术在大理白族自治州的应用案例展示数字政府的应用场景。旅游业是众所周知的知名产业。政府对大理白族自治州的建设目标是成为世界著名的智慧旅游之城。大理白族自治州旅游发展委员会通过大理智慧旅游发展有限公司的帮助，紧跟智慧旅游的发展趋势，通过互联网技术，建立了云南省第一个旅游大数据综合应用分析平台。大理白族自治州旅游大数据中心全面实现了人口流量统计、热点位置分析、热门景区排名、客源分析、停留时间和偏好分析、景区预警等功能。通过大理环洱海周边旅游产品定制、三月街商品营销、大V主页推荐及游客平台自荐分享等方式推广大理自助游，大理州传统旅游模式与智慧旅游有机结合，实现了跨越式发展。

第一阶段大理州数字化情况：产业数字化取得积极成效，数字化在各个领域的应用日益普遍，对产业的赋能增值成效明显。在智慧农业方面，推进农业产业物联网建设；在智慧能源方面，推广"互联网＋智能用电"的业务管理；在智慧旅游方面，依托"一部手机游云南"平台，3A级及以上景区全面实施智慧景区建设；在智慧医疗方面，推进大理州卫生专网、区域医疗健康大数据中心和大理州区域全民健康信息平台建设；在智慧教育方面，建立"云网端"一体化的教育云服务、高速互联互通网络和教学智能终端体系；在数字生态环境方面，实施完成洱海监控预警系统，启动智慧洱海监管及服务体系一期项目建设；在数据共享方面，大理州搭建了政务数据共享平台，在数据运用、采集及平台建设方面处于领先地位。

2021年，随着大理州数字经济办公室的挂牌，大理正式进入大数据拓展运用的第二阶段，大理州政府负责组织协调、自主扶持、试点示范，全面打造数字经济发展的新实体，全面建设发展数字化新业态。该阶段目标是围绕"苍洱云"数据集群建设，打造城市大脑、理政中心，实现政府决策智能化、科学化，提升行政执行能力。通过"苍洱云"数据归集，进一步减少群众的往返奔波，提高数据交换效率，减轻群众办事压力，推动更多服务事项实现"网上办、简单办"。通过智慧城市基础设施建设，提升城市的危机预警能力和突发事件调配能力，实现应急管理能力的提升。

5.3.1　硬件基础设施建设提升为民服务能力

1．提升大理旅游市场管理能力、优化营商环境

大理州投入资源建立大理大数据中心，将旅游大数据、产业大数据，政务数据、联合执法数据、移动电信数据等归集到智慧大理数据中心，建设内容包括1个数据中心、1个监管平台、3个服务系统、多个互动窗口、免费 Wi-Fi 覆盖的智慧体系。大理获得"智慧旅游城市大数据分析系统"软件著作权，成为云南省内第一个建成旅游大数据应用综合分析系统的地区，并在此基础上衍生出招商引资大数据平台、产业分析平台、旅游政务管理平台等多个应用平台。

2．数据采集为大理商户、游客提供交流平台

为了实现旅游数据的准确采集，大理旅游大数据中心向全州各交通要道、机场、火车站、客运站、热门景区、大理古城、双廊小镇、喜洲古镇等客流节点共180多个位置安装了数据采集设备，实现了人流量统计、来源统计、性别分布、年龄分布、热点分析、停留时间、游客偏好、轨迹分析等功能。大量的基础设施已经投入，为进一步提升旅游服务质量，大理白族自治州在辖区内的公共区域、景区、客栈、特色商户等安装了 5112 台智能 Wi-Fi 设备。游客可以在这些地方免费连接 Wi-Fi 设备，在手机平台上轻松完成旅游咨询、攻略查询和个性化行程定制。通过互联网技术，能够迅速掌握客户需求，平台后方的各个服务部门根据客户需求调整自己的服务模式，实现一体化智慧旅游服务。

5.3.2　多部门数据联动提升行政执行能力

多部门的数据联合集中，为大理白族自治州产业结构调整、旅游市场整治、优化营商环境、招商引资等方面提供了良好的数据基础。大理白族自治州政府牵头设立智慧大理数据集中中心，并与大理智慧旅游发展有限公司开展合作，按照大理白族自治州旅游发展委员会提出的业务需求，建设集数据采集、硬件投放、数据存储、数据处

理、分析利用为一体的大数据分析利用中心。与此同时，在自治州政府要求下，政府各单位将涉旅数据从工商、公安、税务、统计及电信部门汇集到大理州智慧大理数据中心，大理白族自治州人民政府通过这些方法成功利用大数据帮助大理发展。在此基础上，构建符合大理实际工作情况的前台应用，充分了解各单位在大数据利用方面的需求，与不同的开发平台服务商在统一的数据平台上搭建个性化的政务服务产品。在税务方面，构建了大数据产业分析平台。该平台将多方数据进行整合处理，和航天信息股份有限公司云南分公司合作，开发了大理白族自治州产业分析平台。该平台将大理白族自治州产业按照产业维度、行业维度、企业维度和商品维度进行分析利用，为政府治理决策提供有力的数据方面的支持。在旅游方面，旅发委和大理智慧旅游发展有限公司合作，搭建了大理白族自治州旅游大数据平台。对涉旅数据包括公安数据、采集点数据、电信数据、Wi-Fi 共享数据等进行整合，建立旅游大数据平台。通过对大理白族自治州旅游人口进行图谱化分析，分析了各地停留时间、各景点热度、旅游线路、旅游偏好、性别分布、年龄分布和来源分布，为大理白族自治州旅发委定制旅游路线、打造旅游品牌提供数据支撑，为大理向全国各地发布针对性的旅游宣传提供帮助。在投资促进方面，大理白族自治州投资促进局计划构建大理白族自治州招商引资平台，对大理白族自治州大数据中心的数据进行招商引资角度的处理，目前已进入试运行阶段。招商引资的关键是如何把商家和资本引进来，利用大数据和信息化，掌握了足够的信息，节省了时间、金钱和精力，做到招商方向明确、目标精准、结果直观，为大理白族自治州招商引资工作提供更有力的决策依据，有效地提高了招商质量和效率。通过大数据成果的转化利用，进一步提升了大理州政府的行政管理能力。

旅游资源数据的整合和评价，进一步为大理白族自治州旅游行业发展提供了良好的监控和正向激励。大数据技术对各个方面进行快速的整合分析，深度分析游客和市场的需求，充分做好旅游景区提升、历史内涵挖掘、旅游产品开发，不断满足旅客需求，进一步延长旅客停留时长，大理旅游的附加值得到了有效的提高。大数据中心围绕旅游热点和旅客偏好，有针对性地发布相关推送消息，以概念、主题、故事等方式引人入胜，向更多的人推荐大理。通过发布旅游攻略，不断吸引游客探索大理的美食、美景、文化，进一步提升大理旅游的趣味性，结合"一部手机游云南"项目，促进大理旅游业的发展。

5.3.3 集中监控、快速响应，提高应急管理能力

在智慧大理建立的数字指挥中心，将大理白族自治州汇集的各平台数据接入指挥

中心大屏。指挥中心设有旅游投诉、突发事件管理、旅游人群预警、景点预警等功能，对突发事件采取快速响应措施，能集中联系全自治州各部门联络员，并能实时投放手机录屏，方便指挥管理，形成多方共同参与、统一指挥、反应灵敏、上下联动的机制。通过指挥中心缩短应急响应时间，开展智能监控，提高预判能力，尽可能地避免突发事件的发生，做好前期规划和疏导，及时传递信息，强化研判响应。

5.3.4　落地城市大脑顶层设计，提升政府决策能力

大理白族自治州自 2021 年引进国内知名参与先进智慧城市建设的企业，对大理白族自治州的基本情况进行摸底调查。在前期大理州已试点的基础上，阿里巴巴集团阿里云智能数字政府事业部制定了《大理州城市大脑顶层设计方案》，通过"苍洱云"、数据中枢建设一个数据中心，归集电子数据为城市大脑做好数据筹备，同时建设理政中心、智慧应用打造城市大脑。方案以云计算、大数据、物联网、人工智能、数字孪生、5G、区块链等新一代创新应用信息技术为引领，打造高标准的大理州城市大脑，助推数字政府、数字经济、数字社会发展，推进政府治理能力，推动现代化、信息化发展。

大理白族自治州人民政府牵头，由数字办统筹提出全自治州城市大脑建设的总体目标、建设内容和实施步骤，统筹规划，统一建设。基于"云数理智"建设思路，以信息共享、互联互通为重点，充分整合大理州已有的政务信息化基础资源，打破信息孤岛，走信息化、智慧化发展之路。采用安全可靠的软硬件产品构建"苍洱云"，提供统一的基础设施服务，并且在维持生态体系良好运行的情况下，对相关国家产业进行助力，并重视政府部门所有的信息数据的安全性，争取建设相应的信息安全系统。秉持"边共享、边整合；边完善、边应用"的推进策略，围绕提高城市管理运行效率和公共服务水平等核心需求，通过需求牵引、重点先行、引领示范，力争快速实现应用创新的突破；理顺体制机制，推进纵向跨层级、横向跨部门的联动协作，建立系统、集约、高效的统筹机制。在推进过程中，我们将遵循"急用先行"的原则，应用层面按照需求的紧迫性，优先开展智慧交通、智慧环保、智慧旅游、智慧产业、智慧教育、智慧医疗卫生、智慧应急等智慧应用建设。我们将聚焦为民办事的痛点和难点，转变政府职能，深入推进"放管服"改革，创新服务方式，拓展服务渠道，切实简化政务服务过程中的流程、材料、时间，让市民和企业办事更高效、方便、快捷。

2021 年，大理白族自治州完成了城市大脑的基础设施建设，完成了城市数据云的基本结构建设。这些设施能够帮助当地政府部门进行数据化治理，实现了数据的共享。

理政中心完成了数据融合展现和场景应用的平台基础建设，通过智慧交通、智慧环保的建设提升了城市治理能力，通过智慧文旅的建设提升了城市服务能力，通过产业经济大脑的建设推动了城市产业发展。

2023年，大理白族自治州城市大脑服务已具备完善的服务能力、城市数据云生态全面融入；数据将实现全面融合，大数据资产在理政、服务、产业等多维度得到应用；我们将深入推进智慧文旅、智慧教育、智慧应急等特色智能场景的应用。

计划至2025年，大理白族自治州城市大脑将具备整体感知、全局分析、智能处置、高效调配能力，"优政""惠民""兴业"发展将走在全省前列，成为全省乃至全国先进地区。2020年底大理州数字经济核心产业增加值GDP比重为3.88%，大理州"十四五"规划的目标是到2025年占比6.5%。

根据总体设计思想，我们将立足于大理州信息化发展现状，规划未来信息化、智慧化发展方向，充分衔接全省统筹资源，自上而下构建体系优化、资源共享、功能强大、应用丰富、管理高效的大理白族自治州城市大脑体系。

大理白族自治州城市大脑建设情况如下。

① 硬件基础设施建设情况。围绕城市大脑项目顶层规划，统一技术路线和行业标准，分3期建设城市感知能力提升项目，以城市公用设施、建筑、电网、地下管网等物联网应用和智能化改造为契机，推动横向职能部门从"感知独立"向"感知共享"转变，从单一部门感知设施建设向多个部门感知网络统筹建设转变。我们将以用促建，补齐硬件短板，提高重点区域5G网络覆盖率，实施4G补盲提速工程，推动光纤宽带网络全覆盖，特别是乡镇、农村地区基础网络建设，以保障传统产业信息化与数字经济共同发展。

② 产业建设情况。成立了大理州数字经济产业投资有限责任公司，与阿里巴巴、长城集团达成战略合作，与京东集团、科大讯飞、华为、百度、京东方等重点产业项目进行了引进。根据省委提出建设"两城一区"的新发展定位，我们将重塑大理支柱产业新优势，学习、借鉴浦东、成都等地的成熟经验，让数据跑网络，数据共享实现城市运营的集中监控、统一指挥和协同联动。

③ 公共数据归集情况。根据《大理州公共数据归集汇聚实施方案》，为消除"数据孤岛"、打通"数据壁垒"，实现数据互联互通共享和业务协同，我们全面梳理了大理州全州公共数据资源底数，建立了全州公共数据资源目录，全面归集了大理白族自治州各级政务部门（指事业单位及财政供养的社会组织，所属数据归为政务数据）、公共服务单位（指承担与人民群众利益密切相关的公共服务职能的国有企业，所属数据

归为社会数据）在为民众提供服务或者收集信息数据时产生的数据，我们按照"动态调整、完整归集"的要求，同时将党委、人大、政协、法院、检察院、人民团体、民主党派的数据一并归集，不断巩固存量、补充增量，及时更新数据，使归集工作常态化，实现数据"应归集、尽归集"。我们已经完成了人口、法人、宏观经济、文旅、环保、交通、医疗、教育等重点政务数据的归集，并计划归集空间地理信息、社会信用、电子证照等政务数据，将分批次推进与人民群众利益有关的供水、供电、供气、公共交通、民航、铁路、运输、通信、就学、就医、康养、金融等社会数据的归集，进而联通经济数据，逐步扩大数据归集范围。

5.3.5　智慧城市建设提升政府综合治理能力

智慧城市建设理念是"一屏观天下、一网管全城"，理政中心作为城市管理的决策、预警、治理、指挥、展示的核心，展现了城市信息化的先进性。理政中心系统由自治州统一部署，支持自治州、县市级、乡镇（街道）等多级应用，由可视化系统（包括驾驶舱、城市事件态势）、城市运行管理、共管共治服务、公共关系服务等构成。城市大脑的智慧应用是持续演进的。未来，我们将结合一期智慧应用建设经验，在服务民生、提升治理和促进产业等方面继续拓展智慧应用场景。

1．构建城市运行监测一张图

通过"数字孪生"技术，从规划设计、模拟仿真和分析推演，将城市可能产生的矛盾冲突和潜在危险进行分析展现，进而指引和优化实体城市的规划、管理，改善对市民服务的供给，实现对现实世界城市的智能化运行控制与管理。

在数字孪生技术应用的基础上，建立城市运行与监测评价体系，将城市管理者所关心的关键城市体征分解成宏观、中观、微观的城市指标；将各个部门的数据进行融合，基于这些数据信息建设城市运行图，提供更加科学且准确的数据分析，推进政府决策，提高政府行政效能。

2．建设城市治理事件一张网

以城市内部事件作为主要执行对象，利用网格管理系统对城市进行更加精细化的管理，以"流程一体化、业务全域化、网格智能化"为目标，通过人机结合和数据智能赋能的全能网格，实现事件采集、处置、研判等全流程在线管理，尽可能囊括整个城市，推动全面城市治理，提高人民幸福感。

3. 建设重大事件指挥一平台

建立事前预警、事中联动、事后分析的联动指挥系统，通过事件预警、事件核查、态势分析、预案启动、现场指挥、事件总结等能力，实现政府应急业务处理和日常值班工作的信息化、自动化、智能化，保障对重大事件的联动指挥顺利进行，提高应急响应能力。

4. 建设领导数据决策一终端

业务模型的建立需要以业务模拟和数据分析为基础，积累足够的模型并对结果进行预测，建设城市领导移动驾驶舱，将领导关注的指标以丰富、直观的可视化形式展现出来，并提供事件的调度、指挥功能，根据事件发生的地点，在地图上描绘出事件的分布，领导可以直观查看事件的发生地点。

5.4 大数据在数字政府应用中的发展建议

在大数据视野下，政府治理需积极主动地把握机遇、迎接挑战，加快数字治理的前瞻布局，发展好、运用好大数据技术，充分助推国家治理体系和治理能力现代化发展，为实现第二个百年奋斗目标、实现中华民族伟大复兴的中国梦提供有力保障。

5.4.1 树立大数据发展理念，引领政府治理现代化

理念是行动的先导，因此我们必须要转变治理理念。把大数据发展理念融嵌于政府治理现代化的过程中，摒弃旧有城市政府的经验主义治理与冲动决策的做法，使城市政府的治理现代化理念与时俱进、不断更新，开拓政府治理新思路、新方法。

1. 培育大数据驱动的服务型政府思维

大数据刷新了政府治理现代化的思维方式，我们要把坚持党的全面领导贯穿于政府治理的各个领域，坚持正确政治方向，依托大数据技术构建积极主动、服务至上的服务型政府，满足人民对美好生活的期许，使其成为推动政府治理现代化不可或缺的重要力量。

政府依托大数据，以人民为中心，与时代同行，坚持以人为本的治理理念，向服务型政府迈进。借助大数据技术，统筹规划政府向基层治理主体赋权增能，为多元主

体搭建政治舞台，共享大数据带来的福利，增强基层履行职能的针对性和自主性，更好地了解政务服务的需求，不断优化资源配置，从被动服务向主动服务转变，有效提高城市政府公共服务质量。除此以外，大数据为基层群众提供了实时动态收集、分析、存储和使用海量异质数据的途径，这些数据经过处理后成为基层公共决策科学化的重要依据，这就要求政府行政机关意识到大数据技术在推进基层治理中的重要性和紧迫性。大数据系统能有效感知与预测公众的需求，有利于为公众提供个性化、精准化的服务，以此为政务便民、惠民创造条件。

全方位推进政府治理现代化，建设人民群众满意的服务型政府，充分彰显中国特色社会主义制度和国家治理体系的优越性。

2. 制定大数据政府治理现代化战略方针

近年来，地方各级人民政府对大数据战略方针高度重视，这就迫切要求全面推行国家治理现代化战略方针，明确大数据发展的目标定位，积极抢占大数据的发展制高点，规范政府治理现代化建设的方向。

党的十八届五中全会正式提出"实施国家大数据战略，推进数据资源开放共享"。这表明中国已将大数据视作战略资源并上升为国家战略，期望运用大数据推动经济发展、完善社会治理、提升政府服务和监管能力。实施大数据战略方针正是建设网络强国的关键所在。对于如何实施国家大数据战略，具体部署主要体现在 3 个方面。其一，加快大数据核心技术研究，并在关键领域积极开发大数据应用。深刻认识大数据在国家管理和社会治理中的作用，以数据集中和共享为途径，建设全国一体化的国家大数据中心，推动技术融合、业务融合、数据融合，实现跨层级、跨地域、跨系统、跨部门、跨业务的协同管理和平台服务，为提升城市政府部门整体竞争力提供长远的保障。其二，运用大数据促进民生保障和改善。发挥大数据的技术优势，实施"大数据＋教育""大数据＋医疗""大数据＋文化"等，推动基本公共服务均等化。这既是保障和改善民生的重要途径，也将有力推进政府治理现代化。其三，切实保障数据安全。政府切实防范、控制和化解政府治理现代化进程中可能产生的技术风险，以安全促发展，以发展保安全，努力建久安之势、成长治之业。

不谋全局者，不足谋一域。制定大数据政府治理现代化战略方针，为新形势下推进政府治理现代化指明了方向，大数据已成为推进构建协同高效的城市政府现代化治理体系的重要驱动力。

3. 落实数据赋能政府治理顶层设计

近年来，政府坚定不移地推进大数据战略行动，奋力落实大数据顶层设计，走高质量发展之路。明确了基层治理智能化的指导思想、基本原则等，规范和指导大数据发展，为政府治理现代化落实具体实践提供了基本原则。

在顶层设计的基础上，需加强技术、统筹发展规划。目前，大数据发展迅速，各类大数据项目及数据中心正在快速建立，但不容忽视的是大数据项目建设的背后存在重复数据收集、标准不一致及数据开发利用水平低等问题。为了解决这些问题，城市政府机构和社会治理主体要加强交流合作，完善省级"一云一网一平台"的部署，搭建智慧综合平台，打造大数据发展的综合载体，建成生态文明、脱贫攻坚、教育等120类智慧平台，同时要加强对市县级平台的指导，实现不同层级的数据平台之间的共享，为公民和企业办事搭建更加便利的运作场景。实现"前台后台打通、横向纵向联动、线上线下合一、一网通办"，加强资源整合，优化政务服务项目的业务流程，明确业务链条上各节点数据的共享开放，建立更加完善、高效的公共服务业务结构和工作机制。

立足新时代，抢占新先机，实现新作为，城市政府将进一步坚定信心，牢牢把握发展机遇，充分发挥本土资源优势，及时制定和落实相关大数据发展政策，以国家政策作为大数据技术发展的制度支撑，支持大数据应用的快速发展，不断推动城市政府顶层设计进入科学合理的运行轨道。

5.4.2 确保多元主体参与，实现政府治理协同共享

协同共享是政府治理现代化中的基本要求，其核心在于各治理主体都是城市基层治理现代化中的平等主体，以此打破原有僵化的治理模式，推动多元主体之间的数据交流与协商共享，成为政府治理现代化的积极参与者和建设者。大数据使政府治理发展迈上新台阶，助力打造共建共治共享的治理新格局，使其朝着治理主体多元化和协同化的方向发展。在大数据时代，应注重开展城市基层治理智能回应服务，这有利于提升公共服务的"满意度"和"共享度"，切实提升民众的"幸福感"。

1. 加快政府治理数据开放共享

在大数据视域下，加强城市政府数字化的建设的关键在于推进政府治理数据的开放共享。然而，政府治理在实现跨层级、跨地域、跨系统、跨部门、跨业务的协同方

面仍存在诸多弊端。除此以外，数据开放共享的不充分、不完善是制约政府发挥全方位、系统性变革作用的突出短板。为消除政府治理现代化的难点、堵点，要加快政府部门的协调联动合作，完善数据治理部门的职责互动，从而推动政府治理数据的开放共享。

（1）加快政府部门协调联动合作

城市政府是为公众提供服务的政府，引导多元主体参与公共事务管理。我们需要加快政府部门协调联动，统筹推进政府政务治理系统的整合共享工作、有序推动政府治理进程，促使行政效率显著提高，为建设更加完善的政治体系赋予新的使命。

通过大数据技术提高信息处理和信息流动的能力，数据的流动方式决定着政府治理结构，依托大数据技术优势，充分发挥数据潜力，可以在基层范围内实现资源的有效调配，对协同治理起到重要的支持作用。运用大数据实现政府治理的数据共享，促进各部门之间共同决策，有效弥合各部门之间的职能差异，实现政务信息在条块之间的自由获取，推动政府部门协调联动合作，打破部门界限，建立城市基层纵向协调、多部门横向联合的新机制，更有效地发挥政府的行政管理职能。整体上，将"最初一公里"和"最后一公里"有机融合为一体，为公众提供"一站式""一体化"的高效便捷的政务服务，为促进政府部门协调联动提供有力支撑。

（2）完善数据治理部门职责互动

政府应依托大数据的技术优势，完善组织结构、部门职责配置与资源整合。政府明确牵头部门，细化相关部门职责，建立权责清晰的政府治理协调体系。

在城市政府内部建立相应的大数据研发部门，打造高效、可扩展的大数据存储单元，完善数据采集端口建设，转变数据采集模式。在确保各部门职责的基础之上，建立跨部门数据共享应用系统，提升政府治理效率。此外，明确政府部门权责界限并将其固化在数据治理系统中，划分各部门职责，实现部门内部的共建共享，简化、优化基层办事政务流程，强化相关职责领导部门之间的互动协商，提高政府的办事效率。

2. 打造公众积极参与的协同共治格局

公众积极参与协同共治作为城市基层治理的主要模式，具有资源整合性强、主体参与度广、自治能力高等多种优势，将这一模式更好地运用到政府治理中，把党的群众路线贯彻到治国理政全部活动之中。因此，打造公众积极参与的协同共治格局，应拓宽多元协同共治渠道，形成互商互建治理系统。

（1）拓宽多元协同共治渠道

公众参与政府治理已成为一种普遍而重要的政治现象，在政府治理中积极开拓公众参与渠道，逐步扩大和完善公众有序的政治参与，对于推进我国民主政治具有重要意义。

为进一步推动政府治理现代化发展，实现政府治理现代化与基层群众自治的有效衔接，应拓宽居民参与政府治理的渠道。例如，政府部门可依托大数据技术设置网上反馈箱，进行线上访谈，构建数据平台等途径开展协商共治、流转和交换政治信息，平衡各方关系，为社区提供及时、准确的服务，让公众享受到社会治理的成果，提高公众参与度，以适应城市基层治理的新形势和新要求，形成共建共治共享的社会治理新局面。

（2）完善互商互建治理系统

广泛、多元的民主协商能够从根本上维护社会的和谐稳定。大数据技术能有效激励社会组织和群众以主人翁的姿态参与到政府治理中，形成互商互建和谐稳定的协同共享新格局。

大数据技术有利于将不同受众群体从传统单向的、被动的信息接收者向主动的参与者、构建者转变。在大数据视域下，不同的群众个体建立起双向或者多向的政治交流网络，每个群体针对不同的问题进行沟通交流，促进民主协商"落地生根"，建立起人人有责、人人尽责、人人享有的基层治理共同体，引导民众增强主人翁意识，充分激发社会自主性、独立性和能动性。例如，学校、社会组织、媒体等主体可以实时参与信息系统。政府治理能力提升的一个重要方向，就是要建立更加民主和安全的网络平台，让基层居民和各种民间组织广泛参与基层事务治理，并通过线上交流共享平台实现互商互建，为建立新型公众参与和合作治理模式提供重要的基础。要实现互商互建治理系统，就必须最大程度把群众动员起来，以保持党同人民群众的紧密联系，推动政府治理现代化进程。

5.4.3　推进城市治理现代化，实现政府数据治理智能化运行

政府治理现代化不仅需要技术支持，还需要与之相匹配的治理运行能力。目前，我国大数据技术不断发展，在依托大数据技术推动政府治理现代化进程中，政府运行仍存在些许问题。为积极应对大数据带来的挑战，政府需要进一步推进数据治理智能化运行，这是实现政府治理现代化的关键所在，亦是坚持和完善中国特色社会主义行政体制的必然要求。

1. 重构统一高效的政务数据办公平台

城市政府运用"集量成智"的数据理念来推进"全方位、立体化、多维度"的数

据化政务服务，打造全面、高效、统一的政务数据办公平台，已成为政府治理和社会发展的新动力，从而减少群众奔波、让数据多跑路。

大数据平台建设需要技术、资金、管理的支持，为了再造统一高效的政务数据办公平台，政府需成立专门的数据管理部门，对数据设施进行更新换代，大力开发软件设施。首先，需要专业部门牵头对数据源进行收集、分类和管理，激活庞大的数据资源，促进不同部门和领域的数据源开放、互通和共享。真实地开放数据应用、数据层，由专业技术人员利用数据源与数据分析结果为政府决策、管理提供科学依据。其次，应大力推进政务信息公开，强化城市政府服务意识，提高行政执行效率，进一步调整城市政府与群众间的关系，突出城市政府的公共服务能力。以兰州市政府治理为例，政府政务数据的"获取、传递、因果分析、分发"形成线性数据的科学决策，从"多元采集、传递共享、关联性分析、应用与互动反馈"形成数据决策的全闭环，优化服务流程、加强上下联动、提高服务效能，形成权责明确、高效透明的"一站式"政务数据平台，从而加快政府治理现代化步伐。

2. 推行精准的政府治理动态监督流程

通过大数据技术的运用，对城市基层治理进行监督流程智能化再造，不断提高基层治理的政治决策、政策执行、社会管理和公共服务能力，加快推进基层治理能力现代化，以智能化监督推进城市政府权力透明化，实现"情为民所系，利为民所谋"。

要使城市政府部门掌握的数据充分发挥作用，应推行精准的政府治理动态监督流程，从数据完整性、内容规范性、流程合法性等多个维度完善监督流程，实现对政务服务运行的智能化管理。通过构建区域运行关键体征指标体系，实现对政务、交通、城管、消防、医疗等城区运行体征指标数据及重点区域、突发事件、非紧急救助等信息的在线监测，满足居民的需求，为群众服务。

同时，切实保障好数据和监测工作的质量，保证循证决策的透明度，让权力在阳光下运行。对于政策信息、实施手段进行明确的说明和公示，让人民群众参与到数据治理中来，成为大数据治理监管主体，从而改变城市政府以往行政效率低下的局面，提高政府运行能力，这也是提升基层治理能力和治理水平的必然要求。

3. 开展城市基层治理智能回应服务

城市政府部门和社会组织需要充分利用数据平台的便利性，提供及时、高效的城市基层智能回应服务，有效保障公众的知情权、参与权、表达权、监督权等各项权利，促进政府与公众之间良好关系的发展，推动我国服务型政府建设。

简而言之，政府开展城市基层治理智能回应服务主要体现在以下几个层面。第一，利用大数据技术拓宽与公众互动的新方式、新渠道，与公众建立在线沟通协调机制，以便对出现的问题快速回应。第二，保持城市政府相关部门之间的沟通和协商，确保不同部门对同一问题的回应在数据平台上是一致的。政府不同部门在回应公众关注和疑惑的问题之前，应进行沟通和协调，确保不同部门的回应一致，避免公众质疑政府部门回应态度，导致公众对基层治理部门失去信任，从而不利于维护政府与公众的良好关系。第三，应引入专家回应机制。邀请专家学者对具体的专业问题或公众普遍关心的问题进行公开解答，并通过城市政府认证的微博或微信聊天室与公众实时在线交流，全面了解并解答公众的疑惑。开展城市基层治理智能回应服务，促进多元主体共建共治共享的现代化治理模式，形成开放共享的结构模式，打造阳光服务型政府。

4. 完善政府治理现代化智慧绩效评估

大数据新技术的出现对政府治理提出了更高要求，传统的评估模式已经不能适应大数据发展的新形势、新要求。我们必须与时俱进地创新评估方式，以解决基层矛盾，维护社会稳定。依托大数据赋能的城市政府绩效评估提高了数据汇集的便利性，使绩效评估结果更加精准，促进政府绩效评估向数据化、智能化、精准化发展，切实提高政府治理运行能力。

（1）从人工评估转向数据智能评估

在城市政府绩效评估的过程中，数据的重要性不言而喻，数据本身所具有的客观性、中立性促进了绩效评估的科学性。因此，城市政府在绩效评估过程中应加强大数据、云计算等技术的运用，在评估中让"数据说话"，不断提高政治执行力。

城市政府在绩效评估的过程中要加强先进技术的运用，对社会发展中产生的文本、音频、图像和视频等非结构化或半结构化数据进行分析和评估，通过数据整合和信息聚合及智能数据采集系统和差异化的数据反馈机制，对政府治理过程中的治理主体、治理方位、管理轨迹等所有治理行为要素进行数据化、全景化记录，促进城市政府绩效评估从控制型目标模式向应用型全景模式的转变。政府智能评估应自动完善绩效信息的录入、绩效指标的筛选、绩效数据的分析等，促进绩效评估的网络化、数据化、智能化。通过定性评估与定量评估相结合的方式，构建社会治理风险分级指标体系，此过程主要包括对城市政府某个阶段内的工作内容和公共服务成效进行评估。其中，城市政府工作人员工作水平与绩效的评估，往往需要对其所负责的行业领域和具体项目进行实际评估，这就要求评估在更长的时间、更广的范围内开展，通过不断的改进和完善，提高基层治理评估的准确性、快速性和完整性，推动对城市政府行政权力执行过程有序、有效的监督和实施。

智能评估离不开基层公众的参与。实现多元化的城市政府智能治理，不仅要分析本地、本部门的数据，还要实现各地各部门数据的共享与联动，以解决集体行动的困境。

（2）追踪政府治理现代化反馈舆情

秉承"大数据观"，政府应建立高效、便捷的信息反馈平台，让公众的政策需求和利益诉求能有效地反馈至城市政府相关部门，使城市政府更好地掌握各方主体的相关诉求。随着政务平台的普及，社会大众、社会组织的协同参与增强，监督力量得以提升。把尊重群众心意、汇集群众智慧、凝聚群众力量贯穿于政府治理的全部工作之中，公众的参与意识也越来越强，城市留言板、市长热线、政务服务好差评等平台模块给了公众意愿表达和利益诉求的渠道，反馈舆情的发展从外部推动城市政府改善网络舆论回应的价值取向，增强了反馈舆情的及时性与有效性。

城市政府在运行过程中需要运用大数据技术分析舆情数据，促进信息的反馈和技术的进步。通过数据清洗、实时分析、建模算法和深度学习，模拟现实世界的网络舆情演变，对舆情发展进行分析研判、预测预警，及时精准发现政治决策和公共利益的缺陷，帮助政府快速地调整决策，确保决策的科学性、规范性。最大限度地保护社会公众的合法权益，满足人民对美好生活的期待，以增进人民福祉、改善人民生活品质为出发点和落脚点，营造"共建共享"的政府治理氛围。

5.4.4　健全政府治理现代化的数据治理保障机制

在将大数据与政府治理相结合的过程中，建立一套健全的保障机制至关重要。政府在数据人才、隐私安全和技术应用等方面提出了完善对策，为政府治理现代化发展提供强大支撑，保障公民权益，方能在世界未有之大变局中化危为机，从而推动政府治理现代化进程。

1. 完善政府治理大数据人才保障机制

为实现政府治理现代化，需要打造一支经验丰富、高素质的人才队伍，激发信息技术人才的创新潜力，做联系群众的暖心人、群众公认的引导者、增强群众福祉的实干家。通过"引进来"和"留下来"两个层面做好基层技术人才的保障工作，才能为推进政府治理现代化提供坚实的人才基础。

（1）实施引进数据人才的柔性政策

城市政府应出台积极引进外来专业技术人才的政策，以表明政府极为重视大数据人才的保障措施。各街道、区、县通过政策扶持，为人才引进创造良好的政策环境。第一，了解数据人才的个人状况。由政府召开座谈会，网上发放数据人才问卷调查，了解目前人才所处的现实状况，以此制定科学的具有针对性的人才引进策略。第二，完善基层岗位设置。在各城市政府部门设立数据管理岗位，进入决策层，直接对领导负责，建立并完善大数据人才引进工作机制。第三，完善相应的激励机制。对在基层工作的数据人才要提高福利待遇，确保大数据从业者的利益，为大数据发展提供强有力的技术和智力支持。例如，以柔性流动的方式解决大数据人才的短缺，并在人才奖励、创新创业、子女入学、社会保障等方面给予和当地户籍人才相同的福利待遇。第四，建立人才支持政策，政府扶持成立大数据高端人才保障基金会，加强对大数据企业融资投资、风险补偿方面的金融支持。

（2）完善复合型数据人才培训策略

对于城市政府来说，大数据环境需要打造高素质、专业化的复合型人才队伍，以适应政府治理时代的发展。政府公职人员的素质和专业直接影响着政府治理现代化程度。城市政府转变政府职能需要政府公职人员执行和实施，在这一过程中，城市政府公职人员的专业性将成为政府治理能力、治理效能的关键影响因素。

第一，通过对政府部门、学校中的党员干部进行培训，培养一支具有大数据思维、了解城市政府工作流程的干部队伍，才能对大数据的实际应用有明确的定位。"支持建立大数据人才综合培训和实验基地，培养大数据相关的复合型人才，实施城市政府、学校与企业联合培养数据管理专业人才的模式，不断强化人才队伍建设，为大数据的长远发展提供重要的条件。"

第二，重视城市基层的高等教育和职业教育资源，广泛开展学术及科学技能培训，开设大数据实训课程，建设大数据培训基地，增加学生对大数据技术的了解及实践操作。例如，联合该区重点大学培育一批具备出色政务数据分析能力的跨学科、复合型人才，城市政府还可以用立项的方式，设立国家、省级等不同等级的有关大数据科研项目，鼓励在大数据分析的理论和技术层面不断创新。

第三，对在职的城市政府管理人员及社区参与者进行再培训，以构建完善的复合型数据人才培训策略。此举旨在构建一支高素质、专业化的复合型人才队伍，为政府治理效能的提升奠定坚实的内部基础。

2. 建立基层治理数据隐私与安全保障机制

大数据技术为推进政府治理现代化提供科学而高效的动能。然而，大数据独有的开放性特质意味着在政府治理进程中，我们不能仅重视科学性与高效，而忽视数据的隐私与安全。因此，通过整合数据隐私规范、优化数据安全处理系统、加强数据治理法制等手段，实现数据安全管理以降低数据风险，是大数据在政府治理现代化中发挥应有价值的有效途径。

（1）整合数据隐私规范

在大数据背景下，开放的数字化政府建设已然成为中国政府未来发展的重要议题，数据隐私安全关乎人民福祉、社会安康、民族复兴和国家安定。大数据开放性特质附加的强大的监控能力产生了可能泄露公民隐私的弊端，故迫切需要通过立法来保护数据隐私，防止公民的数据受到安全漏洞的影响，继而推进数据隐私法的出台与实施。

城市政府需要利用大数据技术进行决策，整合政府的数据资源以打破数据壁垒，挖掘深层次数据资源，实现优质数据资源在基层社会的共享，保障公民的个人隐私和数据安全。进一步来讲，政府在制定符合实际的数据保护标准时，应重点关注以下几个层面。一是组织层面，建立独立的数据保护机构，在此基础之上打破地域限制，实现政府间的数据合作，防范数据风险。二是素养层面，强化管理人员与社会公众的数据隐私教育以在社会上构建隐私保护的共识。在促进政府治理开放数据的过程中，基础的行政部门必须审查哪些类型的数据是可公开的，并确保个人数据的合法性。完善"条数据"向"块数据"的转变机制和因监管不当而产生的各种数据安全漏洞，确保涉及的人、事、物等各类数据的隐私安全，维护和保障基层群众的基本权益，才能在世界百年未有之大变局中化危为机，实现政府治理能力的现代化。

（2）优化数据安全处理系统

在应用大数据技术提高政府治理现代化水平的进程中，要主动革新大数据技术，全面掌握大数据资源，优先关注数据质量问题。因此，需要构建一体化的数据质量管理体系，制定通用的数据衡量标准，实现安全管理流程规范化与数据安全处理系统化，确保社会科技发展水平朝着安定、有序的方向发展。

首先，加强城市政府工作人员及公众的数据道德意识，定期开展数据安全教育系列讲座，切实保障数据的安全运用，严格依照数据使用标准和数据管理流程对城市网络数据进行全面清理，去除重复、无效数据，核实缺失数据，确保数据的合法性和决策的精准性，规范城市政府大数据治理流程。其次，由于大型数据集系统本身的复杂性，政府需持续更新系统、安装补丁、使用防病毒软件、合理分配系统访问权限等以弥补漏洞，扩大网络系统安全分析的广度和深度。为确保数据安全，对数据使用过程进行监测、监督，并利用各种监测手段阻断异常行为，如市政府部门的内部监督、公众监督与网络舆情监督。

综上所述，必须为城市政府数字化治理体系建立强大的安全保护体系，要时刻绷紧数据安全这根弦，分阶段、多层次地建立安全保障措施，加强核心技术的研发，替换安全性不足的软件和硬件，使大数据真正服务于政府治理，为政府治理创造有利环境。

（3）完善数据治理的法律法规

当前，大数据无疑为政府治理变革注入了新动能，提供了有效的技术支撑并促进了数据资源的快速流动。然而，在这个进程中，数据信息安全亦成为其发展的桎梏。换而言之，数据作为一种无形资源，若不设限制地自由流动，则会削弱法律的权威，进而影响社会稳定。自2021年1月1日起施行的《中华人民共和国民法典》规定了公民信息安全的保护，然而因其适用的广泛性，在数据保护主体、原则与目的方面尚未有实质的规定，须通过法律的整体规划和"大数据"法律保护体系的设计，实现对数据安全的全方位保护。

法律法规是促进数据依法使用、保证数据管理体系良性运行的重要手段。因此，鉴于大数据的嵌入，城市政府需要对数据隐私保护的法律制度进行合理的设计与安排，使数据处于被合理运用的边界之内；必须重视大数据的立法工作，维护网络安全；遵循保护公民个人数据的原则，完善网站的隐私政策；推动立法机构对数据采集、分析、使用的关键环节进行立法保护，从制度上加以落实和规范。

综合所述，通过大数据立法推进数据安全能力建设，明确个人数据安全与隐私间不可逾越的法律边界，发挥法律在大数据发展中固根本、稳预期、利长远的作用，解决数据共享、数据开放与个人隐私在法律框架内的矛盾，以法律手段实现数据安全的保护，助力城市政府科学决策，已成为社会稳定前进的需要，亦成为推进政府治理能力现代化的重要保障。

3. 创新科技治理现代化风险保障机制

在依托大数据等技术进步的基础上，制定科技治理现代化风险保障机制，我们需要树立正确的价值导向，规范和驾驭政府政治体制，夯实政府治理的根基，实现防风险、保安全、护稳定、促发展、惠民生等治理目标。

（1）树立正确的价值导向

树立正确的政治价值导向是科学技术革命发展的重要条件之一，对待科学技术，我们应该采取辩证的思维方式，既不能像某些西方学者那样盲目批判科学技术，亦不能忽视科学技术在政府治理过程中潜在的风险。正如学者福山曾说，科技本身是中立的，没有任何目的和价值取向。有鉴于此，确保科技发展符合人类利益，必须树立正确的政治价值导向，以化解政府治理现代化进程中存在的风险。

在我国的具体实践下，科学技术政治学的核心出发点应基于共同体主义，而不是西方的个体主义。这迫切要求我们激发科学技术潜在的巨大潜能，即应从共同体角度出发，使科学技术成为政府治理现代化建设进程中的有力工具。正确的政治价值导向会放大科技潜能，在科学技术介入政府治理现代化进程中，我们要释放其潜在红利，为社会和谐与政治进步提供新动力。

（2）规范和驾驭政府政治体制

大数据技术大潮席卷而来，让我们认识到科学技术可以有效推进国家治理体系和治理能力现代化。首先，为了推进治理现代化，政府须不断利用科学技术的发展优化基层社会治理格局。例如，依托大数据技术创新政府运作方式、组织结构，激发人民群众参与治理的积极性，推动服务型政府建设。其次，政府与社会公众应建立双向沟通机制，化解政府与人民群众之间存在的矛盾，有效处理各类公共事务，维护社会稳定和谐发展。

实现政府治理现代化，要充分激发新一轮科技革命带来的变革潜力，发挥中国特色社会主义制度的优越性，进一步对国家治理现代化进行前瞻性研判，全力推进国家治理体系和治理能力现代化。

第6章

物联网在数字政府
中的应用

6.1 物联网简介

6.1.1 物联网与互联网的比较

与互联网相比，物联网具有独特的显著特征。

① 全面感知。物联网应用各种感知技术，利用传感器、射频识别（RFID）标签、二维码、GPS 监控、摄像头等设备，实时感知、测量、捕获技术信息，以实现对物体信息的采集和获取。物联网可以在每个角落、各个生命体中嵌入海量微型传感芯片，数以亿计的传感器代表着同样数量的数据源，每个数据源的内容和格式千差万别。

② 可靠传送。物联网将各种通信网络和互联网融合，再将物体接入网络，进行可靠且不受时空限制的信息交互和共享。物联网技术的重要基础是互联网，通过传感网与互联网的融合，形成物与人、物与物互联的网络。

③ 智能处理。物联网自身具备智能化处理的能力，借助模式识别、云计算等高端智能技术，将传感器技术和智能处理技术相结合，扩大了其应用范围。

物联网将成为具有自我动态配置能力，在全球范围内实现人、事、物互联互通的网络，可以预见不远的将来，整个世界在互联网的虚拟状态将会变成物联网的现实状态。大胆设想一下，现阶段网络游戏的虚拟世界，将在全球物联网的环境中变成现实，那将是怎样的一个世界？物联网的巨大魅力还有多少没有展现？基于当前的了解，我们难以想象未来物联网的场景。

6.1.2 物联网的基本功能

根据物联网实际作用于对象的基本功能，可以分为以下 3 种。

① 对象的智能标签。通过 RFID 标签、二维码等标识特定对象，可在物联网上获取任何物体的身份，以区别对待，还可以获得智能标签中包含的扩展信息。例如，智能公交卡既是一个自我身份标识，又包含扩展信息，如交通卡上的余额。

② 对象的监控跟踪。借助多种类型的传感器及传感器网络，可实现对物体状态及行为的实时监控，例如，通过 GPS 跟踪定位移动中的物体，利用嵌入的微智能芯片跟踪生物个体，以及通过交通路口安装的摄像头来实时捕捉交通动态。

③ 对象的智能控制。物联网基于云计算及智能网络技术，从海量数据中提取信息

进行分析决策，对物体进行控制并反馈。例如，根据光线明暗智能调节照明路灯的亮度，根据车流量自动调节红绿灯的间隔，以及在小区或居民家里安装视频监控设备，一旦有小偷进入监控范围，系统自动报警。

6.2　物联网与数字政府的关系

6.2.1　物联网应用在数字政府中的必然性

1. 物联网应用推动数字政府革命性发展

世界各国都在积极发展数字政府系统，物联网被称为信息科技产业的第三次革命，其在世界信息化进程中扮演着非常重要的角色。中国已经置身于世界化进程当中，数字政府的发展也深受世界的影响。提高政府办公效能，提升行政管理水平，利用计算机及网络技术，探索物联网的应用模式，掌握政务最前沿的应用，扩大政务在物联网条件下的应用范围和应用深度，才能适应全球化的信息时代。世界信息化进程必然推动物联网在数字政府领域应用的广度和深度，从而促进数字政府的革命性发展。

2. 物联网应用是建设服务型政府的需要

发展物联网在数字政府中的应用是突出以人为本、丰富服务型政府的必要手段。物联网的智能化感知和处理功能，可以运用到民生方面，体现政府对民众的关怀，提高政府服务民众的能力，如智能交通、远程医疗、智能安保等智能化的民生设施。只有在物联网模式下加强对人员的监测和资源整合、主动服务大众、共享和工作协同，才能有效地提升数字政府的效能，改善公共服务，真正做到以人为本、服务于社会。

3. 物联网应用是数字政府创新发展的需要

创新是数字政府新模式发展的方向，要落实创新，促进数字政府的发展，需要逐步推进面向基层村部、城乡社区的一站式贴身服务，努力推进公务人员实现网络办公及与公众的互动。物联网及数字政府发展的目标就是运用新的信息技术提高行政效率，对公众提交的问题迅速应对，而且政府要有手段、有能力主动发现问题，为人民群众解决问题。物联网应用到政务流程中将会打破政府服务社会的时空界限，增强政务处理过程中的信息沟通及互动的能力，提高行政效率，减少成本。

6.2.2 物联网将数字政府推进到物联政务时代

1. 网络化、智能化生活方式的改变要求数字政府与时俱进

数字政府经过多年的发展，在政府网络基础设施、公共信息资源、政府门户网站、政府核心业务支撑等方面取得了显著成绩。目前政务系统已覆盖公安、社会保障、税务、海关、农业、银行等多个行业，为政府实现宏观调控、经济平稳、市场监管、法治公正、社会管理和社会稳定、公共服务、提供公共产品等职能提供了技术基础和关键支持，政务工作的透明性增强、社会参与度提高、服务型政府形象得以改善，这为建设全面感知、智能物联网应用的政务体系提供了必要的基础。物联网应用体系的完善促使一系列政务处理智能化、和谐服务于大众，同时带动相关行业应用。我们致力于推动数字政府智能化管理，并率先在智能应急、智能安全、智能交通、智能环境监测等领域实现突破。但总体来讲，目前我国物联网在数字政府领域中的应用还处于起步和探索阶段，距离智能化、体系化、规范化、标准化的水平还有很长的路要走。

2. 物联网应用推进下一代数字政府的发展

物联网技术进一步推进数字政府的人性化、智能化，这与建设服务型政府建设的理念高度契合。物联网的话题已经深入民心并已逐步融入大众的生活，移动互联、感知中国、智能政府等都是基于物联网构建的。物联网在各行各业的应用发展，离不开政府的主导和引领作用。

以智慧城市建设为例，它是云计算、物联网等各种新兴技术的综合运用。物联网在政务领域的应用是整个智慧城市构建的核心和基础。政府部门拥有最大的信息资源，它既是提供者又是使用者。政府在整个国家和社会信息化过程中充当主导者的角色，数字政府自然成为关键环节，发展数字政府可推动国家和全社会的信息化进程，物联网在数字政府领域的应用自然就成为实现全社会物联化的关键环节。数字政府与物联网技术的融合，是下一代数字政府发展的方向，它必将推动全社会的物联化、智能化，使数字政府进入"物联政务"时代。

6.2.3　物联网对政府行政组织的影响

1.　物联网促使政府结构趋向扁平化

物联网在政务领域的应用，一方面通过智能感知和处理技术，使操作执行和高层决策无缝衔接，导致中间部门或管理层逐步消失；另一方面，由于智能技术的支持，管理者与下属之间能随时随地沟通，增强管理者的控制幅度。

2.　物联网促使政府功能向多元化扩展

传统行政组织主要实现单一的管理功能。借助物联网，政府能够提升监管和服务社会的能力，促使政府向社会管理、公共服务、市场监管、经济调节等多种功能转化，具体表现为：①从政府服务功能看，改进服务技术手段，主动监测和服务社会的能力得以提高，确保公共服务的易获得性、非排他性，从而保证公共服务的公正、公平；②从政府管理功能看，借助智能感应终端及无线传感网络能够实时、全面地获得自然和社会的立体交叉信息，并利用云计算、物联网等技术进行智能化处理，在政务决策、应急反应等方面发挥作用，使政府的管理职能更加高效、智能；③从政府监测功能看，物联网技术实现了对自然和社会全方位的智能监测和管控。

3.　物联网促使政府组织运行公开化

物联网应用使信息发布和交互的范围更广，政府部门通过物联网将信息传递到社会的每一个角落，提高公众知情度和参与度，有利于政府部门接受公众的监督，促进政府部门的勤政、廉政。一方面，政府能集中公众的智慧，促进科学决策；另一方面，公众实现自己的知情权，增强参与意识和兴趣，推动国家民主政治的发展。因此，物联网是政务公开化和公众参与的重要载体，通过物联网在数字政府中的应用，促进政务公开和公众参与，公开透明、公众参与和监督的民主方式得以实现。

6.2.4　物联网对政府管理方式的影响

1.　物联网推动以人为本管理理念的深化实施

物联网应用于政务领域可有效改变数据不透明、易被篡改等弊端，促使政府向公开透明理政转变。①物联网可以优化政务流程并使之公开透明化，提升政府形象。

②物联网加强资源的共享管理、统筹综合利用，从而避免资源闲置、浪费和重复使用。③政府可以借助物联网获得海量信息，支持政务决策，对国家和社会实行智慧管理。

物联网使公务人员的工作制度更加人性化。公务人员是知识的贡献者和获取者，可以通过物联网无障碍地获取各种知识和资源，他们根据对民众需求的理解及对管理实践的判断，发表个人见解或采取合理的行动。

2. 物联网促使公众广泛地参与决策和监督

政府通过交互式社区公告栏、智能化的家庭综合平台、个人智能手机或其他智能终端、交互式地铁公告栏或智能交通路标等物联网基础设施，公开大量的公共信息，发布公告、法规和政策，特别是重大决策前要予以公布，以促进公众广泛参与。

3. 物联网增强政府智能化的信息处理与决策能力

借助物联网技术，政府可以直接掌握海量的一手信息，使决策更快、更准确。物联网的智能处理技术，减少了大量的行政工作，使政府组织精简、工作高效，政府决策更智慧。物联网使政府组织结构更扁平化，扩大了管理的幅度，增强了普通公务人员的决策权，要求其不断地提高决策能力，更好地为社会公众服务。

物联网的可追踪性使公务人员能够实时监管物品，掌握其精确位置。例如，某地丢失了井盖，城市管理人员无须使用大量的人力寻找，只需要使用手机登录物联网系统，借助嵌入在井盖上的传感器所发送的数据就可精确定位，提高了政务工作效率。

物联网的可监控性使政府部门利用嵌入在物品上的感应器对其周边环境进行监控。例如，利用在森林中预设的探测仪来监控森林温度，当其温度超过警戒线时，系统自动预警并下发指令及时处理险情，防止火灾的发生。

6.2.5 物联网助力城市政务信息化发展

1. 物联网应用有效提升城市政务的管理水平

在政务方面，物联网为公众提供了便捷、透明的政府服务。在公共管理方面，物联网使供热、水、电、燃气、通信等公共事业实现了高效的智能化管理，提供了智能安保、智能交通、智慧城市和决策分析等服务。在产业管理方面，物联网提升了工业、农业现代化水平，改变了传统的生产模式，促进了新农村建设。物联网在各个行业的应用促进了企业应用、信息服务及新产业集群的发展。在社会管理方面，物联网提供了智能化的便民服务，如智能社区、智能支付、卫生文教资源共享、远程教育、远程医疗等，提升了百姓的幸福指数，缩小了城乡数字鸿沟，让广大农民享受信息成果，引导他们转变思想观念，寻找就业机会。

2. 物联网应用将实现新型城镇建设的智慧化、生态化

在城镇建设进程中，信息化建设是城镇现代化建设的焦点，如何有效提高城镇管理水平是城镇管理者面临的重大挑战。当前，以物联网技术为架构的智能政府、智慧城镇可以有效应对这个挑战。物联网将各种类型的网络，包括生命的网络和非生命的网络等进行全面互联，通过传感器节点和城镇基础设施感知环境、温度、湿度、风力、状态、压力、位置等各种信息，有序地进行网络资源的连接和信息融合。在城镇建设和转型发展中，政府、企业和科研院校通过不断地进行应用创新，促进整个城镇高效运作，为城镇发展注入新的活力。

随着物联网方案在各个领域的试点及应用推广，对于城镇中海量的感知信息，多样化的业务管理及涉及多种网络、多个部门之间的协作，迫切需要一个综合的平台有效地将各种应用集中于一体，并支持政务智能和决策，为市民提供更加智能的服务，对公共安全、民生、城镇服务、环保、工商业活动等诸多业务做出更智能化的响应。

目前，物联网在城镇管理、环境监测、物流信息化、智能交通及公共安全等诸多领域已有较成熟的应用解决方案，并积极开展了应用示范工作。在城镇的发展中，城市政府借助现代物联网技术手段，逐步试点应用并积累经验，有效提升政府信息化水平和为人民服务的质量，全面提高城市智能化的管理水平。

6.3　物联网在数字政府应用中的发展建议

6.3.1　加大对物联网基础平台和关键技术的投入

我国物联网政务技术基础较薄弱，这就要求政府加大对物联网基础平台及关键技术的投入力度，政府要引导并积极推进示范工程建设。如今，物联网的研究工作已经在全国范围内铺开，政府要重点支持其首次应用。研究物联网产业的布局态势，分析

其地域性，强调区位优势与区位特色，根据项目情况判断其进一步推广的可能性。政府要尽快建设公共技术平台和相关保护机制，降低企业研发成本与技术门槛。政府要主导基础设施建设、降低物联政务基础设施的成本，最终实现物联政务应用惠及全民。

政府要引导大众去攻坚核心技术，提升自主创新的能力，引进和培养科技创新型人才。倡导整个社会积极应用和推广物联网，重视储备与培养这方面的优秀人才。物联网事关国家战略、贴合民生，在核心技术和规范标准上，政府要起主导作用，在越来越多的行业应用中，不断总结和提炼技术标准，最终形成中国的物联政务技术标准，从而切实改善我国物联政务实施的技术环境。

6.3.2 健全我国物联政务发展的法律法规保障体系

一项新法律法规的制定，是随着社会的发展要求，以建立崭新的社会规范为目标的政府改良措施。数字政府发展的各个环节伴随着新法律法规的诞生或更新，并相互作用、相互影响。数字政府的发展需要制定相关法律法规，并为其提供直接的依据。同时，法律法规的落实会影响数字政府的发展速度和方向，从国际上看，数字政府的立法是当今国际立法的重点内容。

政府部门应尽快制定新的相关法律法规及政策，以满足我国物联政务发展的要求，进一步提升我国网络空间安全的战略高度，建立和完善物联网的安全及信用体系。政府部门要牵头制定国家网络空间安全战略，组织建设研究网络空间安全综合防护体系，重点保障各级政务部门的网络安全，建设国家级物联政务综合平台，推进政府网络按统一规范和标准实现集中式接入，设置统一的安全体系，减少隐患，降低风险，确保我国网络空间足够安全，为政府业务的应用提供安全可靠的物联网环境。

6.3.3 持续完善我国物联政务发展的政策体制

在管理体制方面，应加速推进改革，使关系到物联政务发展全局的重大体制取得突破性的改革进展，统筹考虑物联政务的建设、政府职能的转变、政府管理的创新，这3个方面相互促进、共同发展。探索物联政务建设的创新模式，投资上可以采纳政府为主、社会参与的多元化结构，提高物联政务建设、运维的专业化、社会化服务水平，形成有利于国家信息技术创新和信息产业发展的良性机制。

在当前严峻的国际国内形势下，建立健全中国物联政务发展的体制环境，加快政府职能转变已是势在必行，党的十八大之后的10年必然是中国政府全面改革的10年，特别是行政体制改革，这些改革会深刻影响物联政务的发展。国家行政体制改革涉及

5 方面内容：①公共管理与服务，改变以前由政府主导经济的做法，促进国民转变经济发展方式，转变政府职能，关注社会管理及公共服务；②优化组织、规范行为，深入优化政府组织，深化政府大部门体制改革，进一步规范政府部门的行为；③精简机构、下放权力，在城乡一体化的大背景下，加快省直管县改革，减少组织层级，管理重心下放到基层，为中国的新型城镇化，工农业智能化、物联化做好铺垫及体制保障；④普及基本公共服务，要促使基本的公共服务普及化、均等化，重建公平、合理的公共服务体系，增强公共服务的能力；⑤制度化、公开化、透明化的管理，坚持进行政府内部改革，管理要制度化，工作要公开透明，提高公众的参与度，改善政府形象和提高政府公信力。这些改革与物联政务的发展紧密联系在一起。

6.3.4　建设中国的物联数据中心和物联政务管控中心

政府数据作为国家资产而非部门资产，由国家统一管控、安全过滤，并根据权限向社会开放共享。这种共享依托于国家政务外网平台，汇聚政府公开的信息资源。政府鼓励公众对原始数据进行创新处理，以挖掘信息资源的潜在价值，包括其社会价值与经济价值，从而形成部门协同、社会参与、公众监督的服务型政府。

为了加快推进数字政府的发展，政府应加快推进综合型政务平台和政务数据中心等重点项目建设。在物联网环境下，政府要建立国家统一规划和管控下的物联网数据中心和物联政务管控中心，完善城乡管理、城乡安全和应急指挥等若干与维护城乡稳定和确保城乡安全运行密切相关的信息化重点工程，使城乡政府运行、公共管理和服务更加高效，并推动面向社会的信息资源共享，最终实现智能政府的目标。

第 7 章

5G 技术在数字政府中的应用

7.1　5G 技术简介

7.1.1　5G网络简介

移动通信技术已经深刻地改变了人们的生活，但人们对更高性能移动通信的追求从未停止。为了应对未来爆炸性的移动数据流量增长、海量的设备连接、不断涌现的各类新业务和应用场景，第五代移动通信（5G）系统应运而生。

从信息交互对象不同的角度划分，5G 应用涵盖三大类场景，如图 7-1 所示。①增强移动宽带（EMBB）：面向增强的移动互联网应用场景。5G 提供更高体验速率和更大带宽的接入能力，支持解析度更高、体验更鲜活的多媒体内容。②大规模机器通信（MMTC）：面向物联网设备互联场景。5G 提供更高连接密度时优化的信令控制能力，支持大规模、低成本、低能耗物联网设备的高效接入和管理。③超可靠低时延通信（URLLC）：面向车联网、应急通信、工业互联网等垂直行业应用场景。5G 提供低时延和高可靠的信息交互能力，支持互联实体间高度实时、高度精密和高度安全的业务协作。

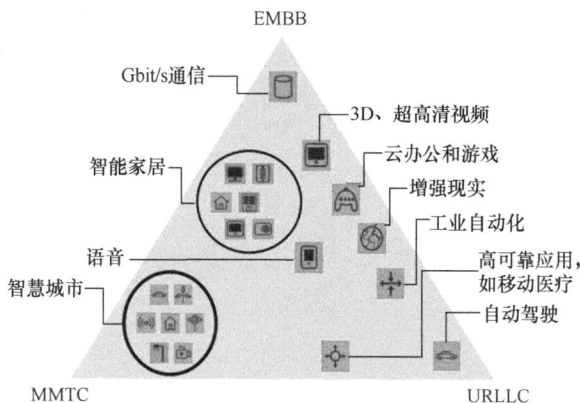

图7-1　5G应用三大类场景

为适应业务场景的差异化要求，在关键能力指标方面，除了传统的峰值速率、移动性、时延和频谱效率，国际电信联盟（ITU）还提出了用户体验速率、连接数密度、流量密度和能量效率 4 个新增关键能力指标。5G 与 4G 在关键能力指标方面的对比如图 7-2 所示，5G 用户体验速率高达 100 Mbit/s，能够支持移动虚拟现实等业务；5G 峰值速率可达 10 ～ 20 Gbit/s，流量密度可达每平方米 10 Mbit/s，能够支持未来千倍流量增长；5G 连接数密度可达 100 万个 / 平方千米，支持海量物联网设备接入；5G 传输时延降至毫秒量级，满足车联网和远程工业控制的严格要求；5G 能够提供 500 km/h 的移动速度（如高铁环境）下顺畅的用户体验。为了保证对频谱和能源的有效利用，5G 的频谱效率将比 4G 提高 3 ～ 5 倍，能源效率将比 4G 提升 100 倍。

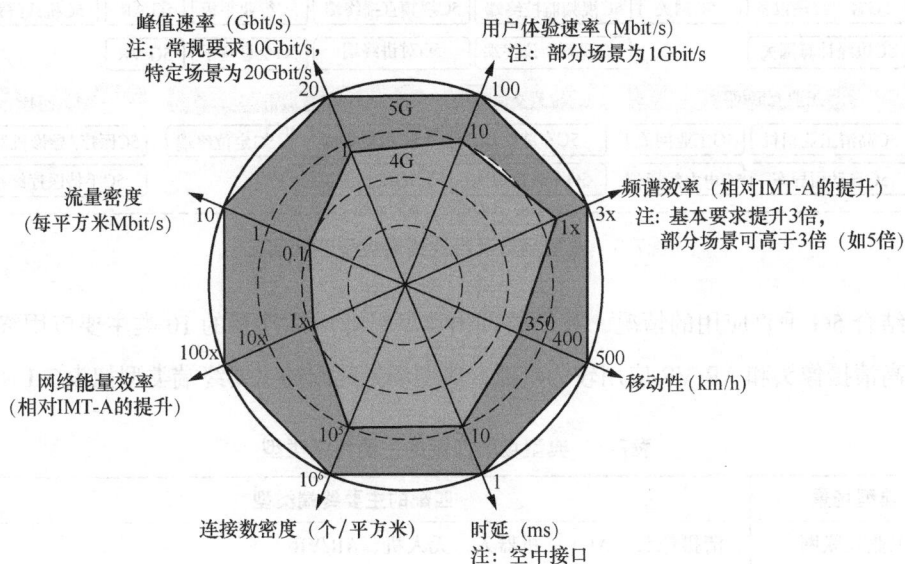

图7-2　5G与4G在关键能力指标方面的对比

"4G 改变生活，5G 改变社会"。5G 网络的部署会掀起新一轮移动通信建设新高潮，通信行业将成为直接受益者，同时也会带动信息与通信技术（ICT）行业和其他行业（如工业制造、物联网、医疗、能源等）的快速发展。相较于 2G、3G、4G 主要是满足人与人之间的通信需求，5G 将会实现人与人、人与机器、机器与机器之间的通信需求，使移动通信从个人通信向行业应用方向发展。5G 网络不仅能给我们带来更好的带宽体验，而且背负着一个重要的使命——赋能垂直行业，以超高带宽、超低时延及超大规模连接改变垂直行业核心业务的运营方式和作业模式，全面提升传统垂直行业的运营效率和决策的智能化水平。

7.1.2　5G典型应用

针对差异化需求，以实际行业应用为基础，细化业务至行业终端需求，典型场景及行业终端类型匹配情况如图 7-3 所示。

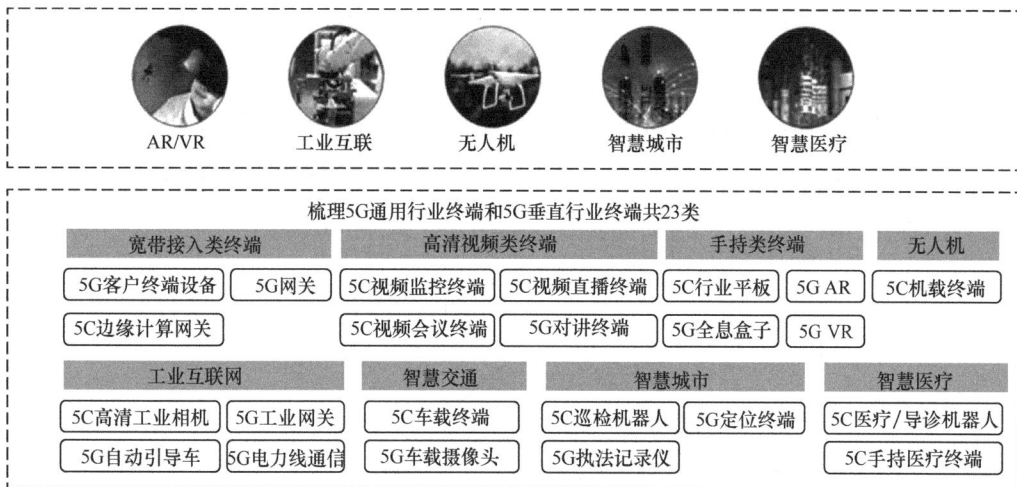

梳理5G通用行业终端和5G垂直行业终端共23类

宽带接入类终端		高清视频类终端		手持类终端		无人机
5G客户终端设备	5G网关	5C视频监控终端	5C视频直播终端	5C行业平板	5G AR	5C机载终端
5C边缘计算网关		5C视频会议终端	5G对讲终端	5G全息盒子	5G VR	

工业互联网		智慧交通		智慧城市		智慧医疗
5C高清工业相机	5G工业网关	5C车载终端	5C巡检机器人	5G定位终端		5C医疗/导诊机器人
5G自动引导车	5G电力线通信	5G车载摄像头	5G执法记录仪			5C手持医疗终端

图7-3 典型场景及行业终端类型匹配情况

结合 5G 垂直应用的情况，我们整理出典型行业应用涉及的 10 类主要应用终端，其中高清摄像头和 AR/VR 应用较为广泛。典型场景匹配的主要终端类型如表 7-1 所示。

表7-1 典型场景匹配的主要终端类型

典型场景	匹配的主要终端类型
工业互联网	高清摄像头、AGV、机器人、无人机、AR/VR
智慧园区	全息展示终端、高清摄像头、AGV、传感器
智慧文旅	AR/VR、高清摄像头
智慧医疗	AR/VR、高清摄像头、无线远程会诊医疗车
智慧能源	传感器、高清摄像头、机器人
智慧城市	高清摄像头、无人机、机器人、执法记录仪
高清行业视频	高清摄像头
智慧交通	高清摄像头、传感器、网联无人车
智慧金融	机器人、高清摄像头、AR/VR、全息展示终端
智慧媒体	AR/VR、高清摄像头
智慧农业	无人机、高清摄像头
无人机	无人机、高清摄像头
智慧校园	AR/VR、高清摄像头

针对行业终端技术需求及典型场景业务特征，我们将行业需求细分简化为特定场景下的终端的能力需求。通过对典型业务和终端能力的研究，我们为后续行业拓展提供了指导，快速获取用户需求并将其转化为网络能力诉求，明确网络组网目标。表 7-2

展示了垂直行业终端设备的常规网络需求。

表7-2 垂直行业终端设备的常规网络需求

垂直行业终端设备	需求下载速率 （Mbit/s）	需求上传速率 （Mbit/s）	需求时延 （ms）
高清摄像头	>50	>50	<100
AR/VR	>150	>150	<20
机器人	>20	>5	<10
无人机	>20	>5	<10
传感器	>0.1	>0.2	<200
无人 AGV 小车	>2	>2	<10
全息展示终端	>5	>40	<50
网联无人车	>5	>20	<10
执法记录仪	>2	>20	<100
无线远程会诊医疗车	>20	>100	<10

7.1.3 典型应用对5G网络的性能要求

针对差异化需求、复杂化场景的垂直行业项目，传统运维模式下依靠通用网络以满足千行百业的需求，会造成网络资源等的浪费。因此，面向行业用户的业务需求，5G 网络需提供定制化、差异化的组网和服务。

1. 智慧城市

智慧城市的部署可实现城区信息资源的全面整合协同，使城市生活从"救火式"治理变为提前预判、主动预警，典型业务应用包括超高清视频、高精度定位、实时对讲通话、智能巡检等。智慧城市对 5G 网络的性能要求如表 7-3 所示。

表7-3 智慧城市对5G网络的性能要求

业务应用	典型场景	带宽 （Mbit/s）	时延 （ms）	定位精度 （m）	隔离性
智慧城市	超高清视频	UL>31；DL>50	<100	—	有
	高精度实时定位	UL>10；DL>10	<50	<5	无
	语音 / 视频实时通话	UL>30；DL>30	<100	<10	无
	无人机远程操控	UL>30；DL>100	<20	<5	有
	机器人巡检	UL>30；DL>100	<100	<5	有

2. 工业互联网

工业互联网包含智能制造、工业控制等场景，其业务需求涵盖工业园区生产、生活等环节，并涉及 5G 的 3 类应用场景。工业互联网对 5G 网络的性能要求如表 7-4 所示。

表7-4　工业互联网对5G网络的性能要求

业务应用	典型场景	带宽（Mbit/s）	时延（ms）	移动性（km/h）
工业互联网	工业视觉 – 缺陷检测	UL>51；DL>20	<100	低速
	工业视觉 – 空间引导	UL>100；DL>20	<50	低速
	工业视觉 – 光学字符识别	UL>51；DL>20	<100	低速
	远程操控 – 机械远程操控	UL>110；DL>20	<150	>30
	远程操控 – 场内生产控制	UL>60；DL>20	<50	低速
	远程操控 – 矿区无人操控	UL>100；DL>20	<150	>10
	远程现场 –AR 辅助运维	UL>60；DL>20	<50	低速
	远程现场 –VR 装配培训	UL>50；DL>50	<50	低速

3. 智慧医疗

智慧医疗涉及智慧医院、远程医疗等场景，包括医疗检测与护理、视频与影像传输、远程操控等 3 大类业务。智慧医疗对 5G 网络的性能要求如表 7-5 所示。

表7-5　智慧医疗对5G网络的性能要求

业务应用	典型场景	带宽（Mbit/s）	时延（ms）	定位精度（m）
智慧医疗	医疗检测与护理：患者及设备定位	>0.1	<200	<20
	医疗检测与护理：移动医护	UL>0.2；DL>13	<200	<10
	视频与图像交互医疗：远程4K 会诊	>40	<50	—
	视频与图像交互医疗：远程VR 探视	>100	<50	—
	远程操控与移动交互：远程超声	>5	<20	—
	远程操控与移动交互：应急救援	>40	<50	<10

4. 智慧媒体

智慧媒体涉及超高清视频采集、播放等场景，根据现场采用的视频分辨率的不同，对 5G 网络的带宽、时延、误包率、可靠性等性能有不同要求，如表 7-6 所示。